Annette Wolter

Perroquets

Illustrations :
György Jankovics

Traduction :
Marie Duval

HACHETTE/CIL

Table des matières

Ce cacatoès rose d'Australie s'abreuve sans interrompre son vol : il se laisse descendre, plonge le bec dans l'eau et remonte aussitôt.

Introduction

Les perroquets sont des oiseaux fascinants. Leur sociabilité, leur bon caractère, leur plumage somptueux et leur capacité à imiter le langage parlé ont toujours exercé sur les hommes un grand attrait. Mais l'enthousiasme que l'on éprouve pour ces oiseaux intelligents ne doit pas entraîner un achat irraisonné qui peut se terminer tristement. Des erreurs d'élevage sont fréquentes, le perroquet reste craintif et se met à crier ou même à s'arracher les plumes. Il ne suffit pas d'aimer les perroquets, il faut aussi apprendre à les élever. Le petit manuel d'Annette Wolter, spécialiste des perroquets, résume l'essentiel de ce que vous devez savoir pour élever un perroquet. Elle explique la personnalité de cet oiseau attachant et donne tous les conseils pour l'achat de la cage et de l'équipement nécessaire, le choix du perroquet, la nourriture et les soins indispensables. Des pages pratiques et des dessins complètent judicieusement cet ensemble d'informations. Les magnifiques photos qui illustrent ce manuel raviront les nombreux amoureux de cet oiseau incomparable.

Remarque importante
Ce livre traite de l'élevage et des soins à donner aux perroquets. Si vous êtes allergique aux plumes ou au duvet, évitez les oiseaux. En cas de doute, consultez votre médecin. Quand vous vous occupez de perroquets, vous risquez d'être mordu ou griffé. Faites soigner ces blessures immédiatement. La « maladie du perroquet » *(psittacose, ornithose)* est aujourd'hui rare *(voir p. 49)*, mais elle peut entraîner chez les humains et les perroquets des troubles pouvant être mortels. En cas de doute, emmenez votre perroquet chez le vétérinaire *(voir p. 44)*. Dès les premiers symptômes de refroidissement ou de grippe, consultez votre médecin et indiquez lui que vous possédez un oiseau.

Le perroquet

En liberté, les perroquets vivent en couple et sont très fidèles. Si cela vous est possible et si vous souhaitez éviter à votre perroquet l'ennui et la solitude, achetez d'emblée un couple.

Tout le monde connaît les superbes aras et les ravissantes amazones d'Amérique du Sud, les perroquets gris et les inséparables d'Afrique. La famille des perroquets compte aussi le charmant cacatoès, le lori multicolore, les perruches d'Asie, d'Indonésie et d'Australie, le Kéa joueur et curieux de Nouvelle-Zélande. Il existe 326 espèces et 816 sous-espèces. Les aras, qui peuvent atteindre un mètre d'envergure, sont les plus grands, tandis que les plus petits, les perroquets-moineaux, mesurent 10 à 12 cm.

Aire géographique

La plupart des espèces vivent dans les régions tropicales et subtropicales d'Amérique centrale et du Sud, d'Afrique, d'Asie et en Australie. Quelques espèces se rencontrent un peu plus au nord ou au sud. Les perroquets vivent dans des régions très variées, montagnes, forêt vierge, désert, savane, palmeraie, bush, steppe à eucalyptus, régions cultivées. Certains nichent au creux des rochers, au bord des fleuves et même en ville.

Perruches et perroquets

Bien que les perruches ondulées, les perruches rosella et les perruches calopsittes soient de la même famille que les perroquets, les ornithologues et les amateurs les classent à part. Il y a peu de signes distinctifs, sinon que les perruches ont une queue plus longue, volent vite, bien et longtemps et réclament des conditions d'élevage différentes. Nous n'étudierons ici que les grands perroquets.

Caractéristiques communes aux perroquets

La morphologie : elle est en général ramassée. Seule la longueur variable des plumes de la queue fait que les aras paraissent très élégants tandis que d'autres perroquets à la queue plus courte semblent d'une maladresse attendrissante. En revanche, la tête est toujours très grosse par rapport au corps, avec des yeux expressifs et un grand bec.
Le bec : la partie supérieure, forte et recourbée, recouvre la partie inférieure en forme d'entonnoir. Certaines espèces ont un bec supérieur long et pointu ; chez d'autres, comme le cacatoès, le bec arrondi adoucit le profil. Tous se servent du bec pour prendre la nourriture, se défendre et comme « troisième patte » pour grimper.
La membrane de croissance : dépourvue de plumes, elle se trouve au-dessus du bec supérieur et entoure les narines.

Comme cette amazone à nuque jaune, les perroquets gaspillent souvent leur nourriture : ils ne consomment qu'une partie du fruit et laissent tomber le reste.

Mâle ou femelle, le perroquet choisi deviendra vite familier et apprendra, s'il est doué, à parler, à imiter les bruits ou à siffler quelques notes.

Ce perroquet gris a aperçu son maître.

Les serres : quatre longs doigts pourvus de fortes griffes dont les deux médians sont tournés vers l'avant et les deux externes vers l'arrière. La patte est bien adaptée à l'escalade et à la saisie des aliments, mais tous les perroquets n'en font pas cet usage.

Le plumage : beaucoup de perroquets tels les aras ont un plumage aux couleurs somptueuses. Le plumage des amazones, qui décline tous les tons de vert, est taché de bleu, de jaune ou de rouge du plus bel effet. Le perroquet gris se remarque à ses magnifiques motifs blancs et à sa queue éclatante. Les couleurs du plumage servent au camouflage. À la cime des arbres inondés de soleil, sous les tropiques, les perroquets verts à taches jaunes imitent les reflets de la lumière dans le feuillage. Mais les marques du plumage servent aussi à la parade d'amour *(parade et accouplement : voir p. 61).*

Psychologie et comportement

C'est un gaspilleur : cela tient à son mode de vie en liberté.

Dans la nature, il trouve la nourriture à profusion. Cette tendance au gaspillage est manifeste chez les perroquets qui se nourrissent surtout de fruits. Ils ne consomment souvent qu'une partie du fruit, parfois les pépins ou le jus et laissent tomber le reste.

Par son attitude, il exprime son attente…

…de caresses.

Il est fidèle et attachant : souvent, dès son jeune âge, le perroquet se lie à un congénère de l'autre sexe auquel il restera fidèle toute la vie. Il est monogame *(voir p. 59)*.
Si vous élevez un seul perroquet, il s'attachera si étroitement à vous qu'une séparation entraînerait des troubles psychiques pouvant aller jusqu'à un refus de vivre.
Si l'on sépare un couple qui s'était formé (par exemple pour en vendre un), les deux oiseaux se laisseront mourir de chagrin.
Espérance de vie : on ne sait pas ce qu'elle est dans la nature. Apprivoisés, les perroquets vivent très vieux.
Les amazones et les perroquets gris peuvent atteindre 40 ou 50 ans, un cacatoès à l'œil nu et un cacatoès à tête jaune ont même atteint 80 ans.
Les perroquets plus petits ont une espérance de vie de 20 à 30 ans, et les perroquets-moineaux vivent environ 18 ans.
Personnalité : à l'état domestique, les perroquets font preuve de bon caractère, ils sont des compagnons paisibles et très expressifs.
Si vous entendez dire le contraire d'un perroquet, vous pouvez être sûr qu'il a été maltraité ou séparé d'un être cher.
L'intelligence : les perroquets sont parmi les oiseaux les plus intelligents. On connaît leur mémoire infaillible. Leur inventivité, leur capacité d'associer et d'apprendre sont à

Le perroquet a besoin d'un perchoir bien ramifié d'où il pourra participer à la vie familiale et grimper à loisir.

Les perroquets fascinent les humains. Mais ils ont de grandes exigences. Si vous voulez élever un perroquet, vous devez vous occuper beaucoup de lui et pouvoir lui consacrer au moins trois heures par jour.

l'origine d'innombrables récits surprenants. Ils sont joueurs, malicieux, rusés, et ils compensent par leur fantaisie tout ce que la captivité leur interdit.
La capacité d'imitation : les perroquets savent reproduire des sons. Certains acquièrent une véritable maîtrise en ce domaine. Ils sont même capables d'associer certains faits avec d'autres de façon significative.
Leur imitation des pleurs ou du rire, du claquement d'un bouchon qui saute ou du miaulement du chat est irrésistible.
Cette capacité d'imitation tient à la finesse de leur ouïe et à la diversité des expressions sonores qui leur permettent, à l'état naturel, une vie communautaire paisible.

Un compagnon exigeant

Les perroquets ont de grandes exigences. Si vous élevez un seul perroquet, vous devez lui consacrer chaque jour au moins trois heures et vous occuper beaucoup de lui. Si votre perroquet âgé ne supporte plus les humains ou si vous avez moins de temps, la solution est de lui donner un compagnon *(voir p. 32).*
Mieux vaut acheter d'emblée un couple capable de s'habituer aux hommes tout en menant sa vie animale.

Ce qui peut vous irriter

Sa voix criarde : un oiseau isolé aime la compagnie des humains et a besoin d'exprimer à son maître son amour. Il peut ainsi se mettre à crier dès que celui-ci ne s'occupe plus de lui.
Il veut participer à tout : il ne sait pas se faire discret et il demande sans cesse des caresses.
La saleté : il laisse poussière de duvet, plumes et excréments partout où il passe. La nourriture gaspillée fait beaucoup de déchets, tandis que les coups de bec risquent de provoquer quelques dégâts.
Mon conseil : si des excréments tombent sur une surface lisse, essuyez avec du papier absorbant et lavez. Sur les textiles ou les surfaces rugueuses, laissez sécher, puis brossez avant de nettoyer à l'eau savonneuse.
Il détruit beaucoup : curieux, le perroquet explore son univers avec le bec. Il peut ainsi détruire des objets que vous aimez.
Il n'est pas raisonnable : aussi intelligent soit-il, et bien qu'il parvienne à un âge respectable, le perroquet n'atteint jamais l'âge de raison. Il faut le surveiller.
Les contraintes : le perroquet a besoin tous les jours de fruits et légumes frais, ainsi que de divers aliments. En cas d'absence, un gardien attentionné est nécessaire.

Dix questions préalables à tout achat

Êtes-vous prêts, vous et votre famille, à supporter toute la vie la responsabilité d'un perroquet ? Avez-vous assez de place pour lui offrir les conditions de vie indispensables ?

L'aspect extérieur des têtes noires, mâle et femelle, est identique.

Disposez-vous d'assez de temps ?
Supporterez-vous sa saleté ?
Comment réagirez-vous si votre perroquet n'apprend pas à parler ?
Comment organiser vos absences ?
Vos enfants sont-ils petits ?
Le bec du perroquet est dangereux.
Avez-vous d'autres animaux ?
Un chien peut accepter le perroquet, pas un chat.
Le perroquet peut être dangereux pour les petits mammifères et les oiseaux.
Savez-vous qu'un perroquet coûte cher ?
Y a-t-il chez vous des personnes allergiques à la poussière de duvet ?

Les couleurs du perroquet lui servent de camouflage et jouent un rôle important lors de la parade d'amour et dans la vie. Dans les cimes inondées de soleil, le plumage vert se confond au feuillage.

Un caïque à tête noire dans son environnement naturel.

S'équiper avant d'acheter

La cage
Avant que votre perroquet n'arrive à la maison, sa cage doit être équipée et avoir une place définitive.
La bonne cage : on trouve dans le commerce des cages à perroquet de 40 x 40 x 80 cm intéressantes si l'oiseau est malade ou au début. Pour un ou deux perroquets de taille moyenne, il faut une cage de 100 à 150 cm de haut, au sol 50 x100 cm.

Important : les cages rondes ne conviennent pas.

Les barreaux : ils doivent se croiser au moins sur deux côtés de la cage afin que l'oiseau puisse grimper. L'écart entre les barreaux sera de 15 à 25 mm.
La porte : elle doit être suffisante pour laisser passer l'oiseau perché sur votre main. La fermeture doit résister aux coups de bec et être renforcée par un mousqueton.
Le fond : il doit être en plastique résistant aux coups et à la chaleur. Prévoyez un tiroir à sable.
S'il est couvert d'une grille, ôtez-la.
Les mangeoires : les deux augets vendus avec la cage sont en général trop petits. Achetez deux mangeoires en acier inoxydable. Elles sont faciles à entretenir.

La volière
Une volière d'appartement convient particulièrement bien au perroquet. On en trouve de toutes sortes et de toutes tailles, parfois même à construire soi-même.
Votre spécialiste animalier sera de bon conseil. Cependant même la volière la plus spacieuse ne doit pas rester le séjour exclusif de votre oiseau. Il a besoin de voler et d'être caressé.

Où placer la cage ou la volière ?
Mettez-la dans la pièce la plus fréquentée. Le coin idéal est clair et peu encombré, pas trop près de la fenêtre, mais avec vue au travers. Veillez à ce que la cage ne reçoive pas directement les rayons du soleil et ne soit pas au courant d'air qui est néfaste aux perroquets.
La cage ne doit pas risquer de tomber, posez-la sur un pied adapté, sur une petite table ou une étagère que vous fixerez solidement à hauteur de vos yeux. L'oiseau doit pouvoir vous regarder dans les yeux. Il est anxieux quand il sent qu'on s'agite au-dessus de lui.

Important : la cuisine ne convient pas du tout. Les vapeurs de cuisson et le courant d'air sont nuisibles à la santé du perroquet.

Mangeoires en acier ou en plastique à accrocher dans la cage ou la volière.

Les perroquets ont besoin de bouger et de voler. Vivre en cage est une frustration qui, tôt ou tard, provoquera des troubles.

Conseils pratiques pour installer la cage ou la volière

Ôtez la grille du fond qui recouvre le bac à litière. Beaucoup d'espèces aiment creuser dans le sable ou la litière. Mettez dans le fond du sable à oiseaux, de la litière pour petits mammifères, ou tapissez-le de papier absorbant (mais proposez-lui alors un peu de sable dans une petite auge).

Installez-lui un perchoir : remplacez d'abord les barreaux de bois tourné par des branches naturelles, que vous ferez tenir par des encoches aux barreaux de la cage en les fixant ensuite avec des liens solides. Les branches doivent être irrégulières, de grosseurs variées, disposées selon diverses inclinaisons.

C'est une excellente gymnastique que de grimper sur des branches irrégulières.

Important : veillez cependant à ce que les branches soient suffisamment grosses pour que les serres de l'oiseau ne se touchent pas quand il est perché.

Combien de branches ? Fixez-en une devant la mangeoire pour que le perroquet mange confortablement. Une autre, placée le plus haut possible, lui servira pour dormir, car il préfère dormir en hauteur. Il doit lui rester assez de place pour ne pas se cogner contre la grille et pouvoir étirer une aile et une patte, ou les deux ailes. S'il reste encore de la place, on placera une branche à mi-hauteur. Veillez à ne pas restreindre les mouvements de votre oiseau en encombrant son espace.

Où trouver des branches ? Les spécialistes proposent des branches adaptées. Si vous préférez vous les procurer vous-même, choisissez des branches exemptes de pesticides et gaz d'échappement. Celles que vous trouvez dans les parcs, les jardins ou les forêts doivent être soigneusement nettoyées pour en ôter toute trace de pluie acide.

Les espèces non toxiques : Bois durs : bouleau, érable, orme, frêne, hêtre, chêne, noyer. Pour le travail du bec, donnez du bois tendre tel que peuplier, saule, sureau, tilleul, châtaignier.

La mangeoire : emplissez l'une des mangeoires d'un mélange de graines que vous trouverez chez les grainetiers. Un autre auget sera empli d'eau, le troisième, d'un mélange de carottes, pommes, bananes, avec une noix à peine cassée. Dans le quatrième, vous mettrez un peu de poivron, de chou chinois, d'épinard ou d'oseille. Hachez grossièrement les fruits et légumes *(voir p. 37).*

Les jouets : en cage ou en volière, le perroquet a aussi besoin de distraction. Donnez-lui à piqueter des branches détaillées en morceaux de 20 cm, liées en fagot accroché avec une ficelle afin que l'oiseau puisse l'atteindre depuis un perchoir. Donnez-lui aussi une grosse corde de chanvre avec des nœuds, une chaîne à gros maillons, des bobines vides, ou des jouets de bois *(pour construire un arbre à oiseau, voir p. 26).*

L'équipement idéal d'une volière d'appartement.

Le perroquet s'apprivoise vite et devient très familier s'il n'a pas de compagnon de son espèce. Le perroquet aime l'homme et il est capable de crier sans arrêt jusqu'à ce que son maître s'occupe de lui.

La protection des espèces
La Convention de Washington garantit la protection des espèces animales et végétales menacées. Suivant le degré de protection nécessaire, les perroquets ont été classés dans les catégories 1 et 2. Ceux qui sont menacés d'extermination sont répertoriés dans l'annexe 1 de la Convention : leur commerce est désormais interdit, même pour les spécimens nés en élevage. Tous les autres perroquets sont répertoriés dans l'annexe 2 (sauf les perruches ondulées, les perruches callopsittes, les petites perruches d'Alexandre, non concernées par la Convention). Le commerce des espèces appartenant à l'annexe 2 est soumis à certaines règles valables aussi pour les oiseaux d'élevage.

Au repos, le cacatoès rose fait sa toilette.

Vous pouvez sans crainte acheter un oiseau bagué *(voir p. 16)* et muni du certificat CITES.

Comment choisir ?
Les oiselleries proposent un petit choix de perroquets. La plupart proviennent d'élevages. Quand vous vous serez décidé pour une espèce, prenez contact avec un spécialiste et demandez-lui de vous procurer l'espèce recherchée ou de vous mettre en rapport avec un éleveur. Cela risque de mettre votre patience à l'épreuve car les éleveurs d'espèces variées sont encore rares.

Le perroquet est-il en bonne santé ?
Il est aisé de s'assurer de la bonnc santé du perroquet :

- toutes ses plumes sont bien formées, lisses et non collées ;
- les plumes qui entourent le cloaque — l'anus de l'oiseau — ne sont pas souillées d'excréments ;
- ses yeux et ses narines ne coulent pas et ne présentent pas de croûtes ;
- les écailles de ses pattes sont lisses ;
- deux doigts de chaque patte sont tournés vers l'avant, deux autres vers l'arrière, tous sont pourvus de griffes. (un doigt ou une griffe manquant est un dommage esthétique, pas un signe de mauvaise santé) ;
- ses excréments sont assez fermes, de couleur foncée mêlée de blanc ;
- un perroquet en bonne santé s'intéresse à son environnement, fait sa toilette, mange, boit ou dort sur une patte.

Le cacatoès rose observe avec attention tout ce qui se passe.

Un perroquet malade a le regard vide, les plumes ébouriffées et il dort sur ses deux pattes. Ses selles sont liquides, teintées de rouge ou même mousseuses. S'il est déplumé par endroit, cela indique qu'il s'est arraché les plumes, mais ce n'est pas forcément une habitude chez lui. Parlez-en avec l'oiselier.

La corde à nœud qui pend dans la cage permet à l'oiseau de grimper et de becqueter.

Préférez les sujets jeunes

Achetez plutôt un jeune perroquet, il sera facile à apprivoiser. Si c'est un oiseau d'élevage, son âge est connu. Les oiseaux nés en élevage sont déjà habitués à l'homme et s'attachent vite. Les perroquets qui ont été nourris au nid par leurs parents doivent d'abord s'habituer à l'homme.

Si un oiseau jeune vient de se lier à un congénère du même âge, ne séparez surtout pas le couple. Achetez les deux oiseaux, c'est une chance pour vous.

Ils s'habituent vite à la vie chez les humains, s'apprivoisent facilement et ont pourtant un compagnon de leur espèce.

Quel sexe choisir ?

C'est une question sans importance. Un « couple » peut être formé de deux oiseaux du même sexe.

Le sexe n'est important que si vous voulez des petits.

Chez la plupart des perroquets, très peu de signes distinguent les sexes, et seule une endoscopie — intervention chirurgicale — permet de connaître le sexe de votre oiseau.

Les formalités à remplir

Le certificat CITES : c'est une sorte de carte d'identité de l'oiseau qui vous permet de prouver que vous en êtes le propriétaire légal. On vous remettra ces papiers dûment remplis au moment de l'achat. N'achetez pas d'oiseau sans ce document et sans la bague légale.

La bague : tout perroquet issu d'un élevage autorisé et contrôlé doit être bagué à un certain âge. La bague porte un numéro gravé. La maladie du perroquet ne présente plus aujourd'hui de danger véritable *(voir p. 49)* mais le législateur veut s'assurer que l'élevage est conforme aux besoins sanitaires de l'oiseau.

Pour pouvoir retrouver, le cas échéant, les oiseaux malades, tous les perroquets et perruches sont bagués avec du métal ou du plastique. La bague ne doit être ôtée que si elle blesse l'oiseau. Il arrive que le perroquet reste accroché par sa bague, cherche à se libérer à coups de bec et se blesse la patte. Si la patte enfle, la bague gêne la circulation sanguine au point de nécessiter l'amputation.

Surveillez donc soigneusement la bague pour éviter tout accident.

Si c'est nécessaire, vous la ferez ôter par le vétérinaire, qui vous fera un certificat. Conservez bien la bague avec ce certificat.

Si un perroquet s'échappe et est retrouvé, sa bague permet de prévenir son propriétaire.

Les numéros de bague sont répertoriés.

Le contrat : une bonne oisellerie vous fournira un certificat d'achat en bonne et due forme.

Il doit préciser la date de l'achat, l'espèce de l'oiseau et, éventuellement, la sous-espèce, le numéro de bague, le prix d'achat, l'adresse du vendeur et celle de l'acheteur. Le sexe

L'oiseau choisit son perchoir en fonction des distractions qu'il lui procure.

de l'oiseau doit aussi être indiqué. Même si l'oiseau est échangé, loué ou offert en cadeau, l'établissement de ce certificat est indispensable.
Déclaration obligatoire : le propriétaire d'un perroquet est tenu de déclarer l'oiseau aux autorités compétentes. Il indiquera l'espèce, l'âge, le sexe — s'il est connu —, l'origine, l'adresse, la raison de l'achat, le numéro de bague et le numéro du certificat CITES.

Apprivoiser en douceur

Parlez souvent à votre perroquet, cela le mettra en confiance et l'encouragera à parler. Il connaîtra votre voix et cherchera peut-être à répéter de courtes phrases.

Après avoir acheté le perroquet de votre choix, vous le ramenerez au plus vite à la maison.
Veillez à le protéger de la chaleur, du froid et de l'humidité pendant le transport qui s'effectue, en général, dans un emballage particulier.
Vous aurez auparavant préparé la cage et tout son équipement, et empli les mangeoires.

Les premières heures

Première étape : tenez le carton de transport ouvert devant la porte de la cage afin qu'il n'ait pas d'autre issue. Il a envie de revoir la lumière et va entrer dans la cage. Fermez aussitôt la porte et retirez-vous. Laissez-le seul les premières heures pour qu'il explore sans crainte son nouvel espace.

Apprenez au perroquet à grimper sur le bâton, il sera facile de le transporter.

Il doit surmonter le choc de la capture, du transport, du nouvel environnement. Il a eu peur, c'est une épreuve psychique.
Deuxième étape : après quelques heures, ou le lendemain, asseyez-vous à quelque distance de l'oiseau, de sorte qu'il puisse vous voir. Parlez-lui doucement et sur un ton apaisant, avec des phrases courtes, et prononcez souvent son nom.
Ne vous approchez de lui qu'en parlant ou en sifflant car les oiseaux se méfient des créatures silencieuses.

Les premiers jours

Ils sont empreints de prudence réciproque. Vous veillez à ne pas lui faire peur, il reste à bonne distance. Mais votre main pénètre deux fois par jour dans la cage pour la nettoyer et apporter des aliments frais. Pour éviter d'effrayer l'animal, soyez absolument ponctuel.
Si vous effectuez ces tâches chaque jour à la même heure, elles feront bientôt partie de l'environnement naturel de l'oiseau.
Vous mettez la main dans la cage matin et soir car il vous faut prendre les augets vides et les remettre, une fois remplis. Avec une cuillère réservée à cet usage, vous ramassez chaque matin les excréments

répandus sur le sol et vous ajoutez un peu de sable frais ou de litière, ou vous changez le papier. Parlez sans cesse à l'oiseau. Évitez tout geste brusque, même si le perroquet cherche à vous donner des coups de bec. Mais réagissez immédiatement par un « non » calme mais ferme. L'oiseau comprendra à la longue le sens de ce « non ».
Séducteur ou timide ? Après le premier choc, le perroquet va investir sa cage, essayer tous les perchoirs et se mettre à becquetter les branches. Vous verrez vite s'il est vif ou plutôt craintif. S'il cherche à vous becquetter pendant que vous vous occupez de la cage, c'est un séducteur qui vous entreprend. Le peureux, en revanche, vous évite autant qu'il peut mais vous donnera des coups de bec s'il se sent menacé. S'il se met à crier fort et longtemps, ce peut être une protestation contre la solitude ou une crise d'angoisse. Le séducteur ne cessera de crier que si vous lui parlez. Le timide se tait craintivement dès qu'il entend votre voix.

Remarque : vous pouvez faire cesser les cris en couvrant la cage d'un tissu quelques minutes durant. L'oiseau, surpris, se taira et comprendra vite le lien entre ses cris et la couverture.

Le repos nocturne
Dans la nature, les perroquets regagnent leur perchoir dès que la nuit tombe et ils s'endorment. En captivité, ils restent éveillés à cause de la lumière électrique alors que leur horloge intérieure leur commande de dormir. Quand il a sommeil, le perroquet se retire sur son perchoir le plus élevé et ne fait plus attention à ce qui se passe autour de lui. Télévision, musique, conversations ne le dérangent pas à condition qu'il ne soit pas directement face à la source lumineuse et que les bruits soient un peu étouffés.
Quelques précautions :
• Avant d'éteindre la lumière, assurez-vous que l'oiseau est sur son perchoir. Il ne le trouvera pas dans l'obscurité et risque de se blesser en grimpant ou en voletant dans la cage.
• Si les lumières de la rue ou les phares des voitures éclairent la pièce trop vivement, installez des rideaux ou des stores pour qu'il puisse trouver le sommeil.
• Mais si la pièce est complètement obscure, mettez-lui une veilleuse pour qu'il puisse s'orienter en cas de frayeur nocturne.
Une fois le perroquet bien habitué à sa nouvelle vie, il n'a plus besoin de toutes ces précautions.

Au repos, il glisse son bec sous les plumes de son dos. Quand il dort, il replie souvent une patte dans les plumes du ventre.

Il est très rare qu'un chat et un perroquet se lient d'amitié. Il vaut mieux ne pas avoir de chat en même temps qu'un perroquet. Ils se supportent mal, et le perroquet risque d'en souffrir.

Habitués l'un à l'autre dès leur plus jeune âge…

Les premières semaines

Si les premiers jours se déroulent paisiblement, l'oiseau va rapidement se mettre à observer avec curiosité ce qui se passe autour de lui.

Nul ne peut dire combien de temps il lui faudra pour se sentir bien chez vous. Cela prend de quelques jours à plusieurs semaines. Tâchez d'éviter tout ce qui pourrait lui faire perdre confiance ou l'inquiéter.

Pour lui donner confiance :

• Parlez-lui aussi souvent que possible. Appelez-le par son nom et chantez ou sifflez-lui de petits airs. Peut-être va-t-il essayer de vous imiter ?

• Évitez l'agitation et les gestes brusques. Il a peur des aboiements, des portes qui claquent ou des bruits d'appareils ménagers.

• Ne vous approchez pas de la cage avec des objets inhabituels comme un grand chapeau, des bigoudis ou un parapluie ouvert.

• Pour les objets inconnus avec lesquels il doit faire connaissance, placez-les quelque temps à proximité de la cage, bien en vue : ainsi, le vaporisateur avec lequel vous lui donnerez bientôt sa première douche *(voir p. 28)*. Quand il connaîtra ces objets, il ne sera pas pris de panique au moment où vous les utiliserez.

Bouger et se distraire

Le perroquet doit encore attendre un peu avant de voler : il vaut mieux

... même un chat et un perroquet peuvent devenir amis !

qu'il reste en cage tant qu'il n'est pas apprivoisé. Il va sans doute agiter violemment les ailes sur son perchoir, ce qui fait du bruit et de la poussière. Mais c'est bon pour lui, il fait travailler ses muscles et compense ainsi le manque d'exercice. Occupez-le en lui proposant chaque jour des branches fraîches à becqueter. Les substances contenues dans l'écorce sont bonnes pour sa santé.

L'apprivoiser

Suivez mes conseils pour apprivoiser votre perroquet. Observez d'abord quels fruits et légumes il préfère, puis proposez-lui ces gâteries sur votre main à travers les barreaux. Vous pouvez aussi lui offrir un petit croûton de pain blanc, un gâteau sec ou un tout petit morceau de fromage sec. La taille des morceaux sera fonction de celle de l'oiseau, qui va ainsi faire l'expérience que votre main lui apporte de bonnes choses. Cela peut durer plusieurs semaines avant qu'il ne se risque à venir y prendre quelque chose. Alors seulement vous tenterez le pas suivant. Avec une petite branche, essayez de le caresser tout doucement « à rebrousse-plumes » dans la nuque. Recommencez souvent jusqu'à ce qu'il semble apprécier la caresse. Vous ne passerez au contact manuel que lorsque l'oiseau commencera à quitter sa cage *(le premier vol, voir p. 22).*

Donnez au perroquet des gourmandises telles que gâteau sec ou bout de pain : il s'habituera peu à peu à votre main.

Vivre avec un perroquet

Dès que votre oiseau a surmonté sa peur de votre main et qu'il cesse de se cacher craintivement dans un coin de la cage quand vous vous approchez, vous pouvez envisager le premier vol.

Les préparatifs de vol

Lors du premier vol, votre oiseau se contentera d'explorer la pièce où se trouve sa cage.

Éloignez les sources de danger : avant d'ouvrir la porte de la cage, assurez-vous que l'oiseau ne court aucun risque dans la pièce.

Vous trouverez page 35 la liste des situations qui peuvent être dangereuses pour le perroquet.

Proposez-lui des feuilles humides dans un grand plat, le perroquet y prendra son bain.

Fermez les fenêtres : vérifiez que portes et fenêtres sont bien closes. N'oubliez pas les fenêtres basculantes, elles n'empêcheraient pas le perroquet de s'échapper.

Fermez les rideaux, tirez les stores devant les fenêtres. Le perroquet ne voit pas que les vitres transparentes sont une barrière et il risque de se jeter avec tant de force sur les carreaux qu'il pourrait se briser le cou. Si vous n'avez ni stores ni rideaux, fermez les persiennes en laissant 30 cm d'entrebaillement et allumez la lumière si nécessaire. Chaque jour vous laisserez les persiennes un peu plus écartées jusqu'à ce que l'oiseau ait compris que la vitre est un obstacle. Quelques jours suffisent en général.

Le premier vol

Ouvrez la porte de la cage et asseyez-vous à distance pour observer votre perroquet. Il finira par se risquer au dehors et prendre son vol depuis le toit de la cage ou l'ouverture de la porte. S'il se dirige vers son arbre *(voir p. 26-27)* ou le toit de la cage, tout va bien. Il va regagner sa cage, ou explorer son arbre, ou prendre un nouvel envol. S'il se pose sur un perchoir inattendu, lampe, armoire ou tringle à rideaux, il n'aura peut-être pas de sitôt envie de quitter cet endroit intéressant. S'il se pose sur le sol, vous aurez quelques difficultés à le remettre en cage : vu d'en bas, tout se trouve au-dessus de lui et cela le terrifie.

Remarque : les perroquets qui ont les ailes rognées (voir p. 25) ne peuvent voler. Ils se contentent de voleter au sol ou quittent la cage en marchant. Essayez de le faire grimper sur un bâton avec lequel vous le porterez ensuite jusqu'à sa cage ou à son arbre.

Il regagne sa cage : le bras tendu, présentez le bâton à l'oiseau en

restant à bonne distance. Il se peut qu'il grimpe aussitôt dessus parce qu'il le prend pour un perchoir. Sinon, placez le bâton tout droit devant lui de façon que le bois touche légèrement son ventre et pressez doucement. En général, cela l'incite à grimper. Si votre perroquet a choisi un perchoir élevé, laissez-le tranquille un bon moment. S'il ne descend pas de lui-même au bout d'une heure, essayez de la même façon de le faire grimper sur le bâton. Si cela ne marche pas, laissez l'oiseau là-haut, même toute la nuit. Il finira bien par avoir faim et regagner sa cage.
Surtout ne lui courez pas après, vous risqueriez de ruiner la confiance fraîchement gagnée.

Important : faites-lui faire l'exercice avec le bâton tous les jours. Quand le bâton fera partie de son environnement naturel, il vous sera facile de déplacer rapidement le perroquet en cas de besoin.

Le risque principal : la fugue
Un perroquet qui fugue est en danger. Dehors, il ne trouvera pas de nourriture, ou seulement des aliments nocifs, ou il sera victime d'oiseaux de proie. Si votre perroquet s'est envolé, vous aurez peut-être la chance de le découvrir sur un arbre ou un arbuste voisin. Vous pouvez essayer de le séduire en lui présentant des gourmandises pour qu'il regagne sa cage. En cas d'échec, et si vous avez un tuyau d'arrosage à votre disposition, arrosez-le sans violence jusqu'à ce que l'humidité de ses plumes l'empêche de voler et que vous puissiez ainsi l'attraper. Mieux vaut éviter toute évasion.

Mon conseil : faites installer une moustiquaire devant au moins une fenêtre. Vous pourrez ainsi aérer la pièce sans avoir à surveiller votre oiseau.

Son éducation
Quand votre perroquet aura exploré les environs de sa cage, ce sera à lui de décider s'il préfère rester en cage ou se tenir sur son arbre. Tout ce qui l'intéresse, il l'explore avec le bec. Il va donc s'exercer sur les papiers peints, les livres, les fils électriques, les tapis, les plantes vertes, etc. afin de les connaître. Il s'empare des petits objets qui lui plaisent pour les emmener dans son bec dans son domaine. Aussi vaut-il mieux ne pas le laisser seul hors de la cage. Mais vous devez lui autoriser ces explorations sous votre surveillance.

S'il accepte la main comme perchoir et la becquette doucement, c'est signe de grande confiance.

C'est le seul moyen pour qu'il se sente chez lui. Il faut essayer de lui faire interrompre les activités qui vous semblent dangereuses — pour lui ou pour vos affaires — d'un « non » ferme. Si cela ne suffit pas, remettez-le dans sa cage 10 minutes en vous servant du bâton. Il comprendra vite la relation et finira par renoncer à ce qui est interdit. Mais n'espérez pas lui faire passer toutes ses mauvaises habitudes.

Soyez patient

Feignez l'indifférence quand le perroquet s'approche de vous. Parlez-lui mais ne le touchez pas. S'il incline la tête devant vous en faisant bouffer ses plumes, c'est une invite à le caresser. Répondez-y.

Le temps de l'intimité est venu le jour où il vous tire par la manche, vous becquette doucement la main et, même, vous grimpe le long du bras jusqu'à l'épaule. Dès lors, vous aurez le droit de le caresser autant qu'il vous plaira.

Le bec acéré

Il peut arriver, un jour, que votre perroquet vous morde et vous fasse mal. La raison de ce passage à l'acte est souvent l'insécurité, la frayeur ou une sensibilité particulière. Il se peut qu'en le caressant, vous ayez touché maladroitement une plume qui repoussait. S'il a mal, il se défend d'instinct d'un coup de bec. Mais, à mesure que grandit la confiance, il ne donnera plus de coups de bec

Pour jouer, les cacatoès Goffin se servent avec adresse de petits objets.

que pour jouer, parce que votre « aïe » ou votre peur l'amusent, ou parce qu'il veut vous « punir ». Mais vous constaterez que les coups de bec sont plutôt symboliques et rarement douloureux. Certains perroquets prennent un immense plaisir à pincer les étrangers. Mon charmant petit mâle amazone Jojo crie toujours « aïe » avant de mordre et se met ensuite à pleurer à fendre l'âme. Ne vous fâchez pas si votre perroquet pince ou mord, c'est une plaisanterie, même si elle fait mal parfois.

Important : ne laissez pas les petits enfants et les étrangers s'approcher du perroquet. Il risque de les blesser. Il a, en général, peu de scrupules à l'égard des inconnus.

Cacatoès sur la corde raide.

Faut-il lui rogner les ailes ?

Les espèces de petite taille : ne rognez pas les ailes des oiseaux de petite taille qui aiment voler vite et bien, tels que perroquet à tête de maure ou à ailes d'or, inséparables, perroquets-moineaux, à ventre blanc, et autres espèces menues. Ne le faites pas non plus si vous voulez que vos perroquets se reproduisent.

Les espèces de grande taille : il est rare que les perroquets de grande taille fuguent lorsqu'ils sont bien habitués à la vie domestique, mais cela arrive de temps en temps. Ils apprécient particulièrement de voler de pièce en pièce ou d'étage en étage. Mais comme il n'est pas possible de supprimer tous les dangers d'une maison ou d'un appartement, ils courent des risques *(voir p. 35)*.

Il est donc préférable pour l'oiseau de lui rogner les ailes afin qu'il ne puisse plus s'envoler. Vous pourrez alors, — sous votre surveillance —, le laisser marcher dans le jardin, l'emmener promener sur son perchoir ou le laisser en liberté sur le balcon. Il rentrera moins souvent en cage puisqu'il ne fera pas autant de dégât qu'un oiseau qui vole.

Mon conseil : ne laissez pas votre perroquet sans surveillance sur le balcon ou la terrasse, il peut basculer par-dessus le parapet. Le danger le guette même au rez-de-chaussée (chats, chiens, circulation). S'il tombe d'un étage élevé, il se brisera les os. Tendez plutôt un filet le long du parapet (vous le trouverez dans toutes les oiselleries).

Ce cacatoès exécute presque chaque jour ce tour sur la corde raide sous le chapiteau du cirque. Beaucoup de perroquets apprivoisés aiment apprendre ainsi des tours. Cela les distraie et ils adorent qu'on s'occupe d'eux.

FICHE PRATIQUE
Arbre à oiseaux

Arbre à oiseau et perchoir

Il ne faut pas laisser le perroquet en permanence dans sa cage ou sa volière. Il doit pouvoir voler chaque jour et satisfaire sa curiosité. Il lui faut dans la pièce où il vit un perchoir où se reposer et jouer. Si vous êtes bricoleur, fabriquez-lui un arbre. L'idéal est que celui-ci se trouve déjà dans la pièce avant l'arrivée de l'oiseau afin qu'il puisse s'habituer à sa vue.

L'arbre

Dessin 1 :
Choisissez une branche forte et bien ramifiée. Procurez-vous un baquet en bois et un socle pour arbre de Noël que vous placerez dans le baquet. Fixez la branche dans le socle avec des vis puis emplissez le baquet de pierres pour le stabiliser. Couvrez d'une couche de gravier, de terre, puis de sable à oiseaux. Vous pouvez ajouter des petits barreaux en bois naturel *(voir p. 12).* Comme ceux qui sont dans la cage, ils devront être changés de temps en temps car le perroquet les becquette abondamment.
Pour les perroquets de petite taille, il vous suffit d'installer dans son arbre de petits objets tels que peloton de raphia, jouet en bois et en lave (dans les animaleries) ou fagot de brindilles de 20 cm.
Pour les perroquets de plus grande taille, vous ajouterez une petite corbeille tressée en osier naturel que vous emplirez régulièrement de légumes et de fruits, ainsi que deux petites mangeoires que vous emplirez l'une de graines, l'autre d'eau toujours fraîche *(voir p. 37).*

Le perchoir

Dessin 2 :
Si vous ne savez pas ou ne voulez pas bricoler, procurez-vous un perchoir en animalerie. On le place sur le toit de la cage. Vous pouvez augmenter ses capacités en ajoutant des barreaux, des planches et des branches de façon à créer plusieurs niveaux. Fixez-le avec des liens que vous mouillerez avant de les attacher : la fixation sera plus solide. Renouvelez les branches quand le perroquet les a becquettées. Équipez le perchoir comme l'arbre ci-dessus.

Où placer l'arbre ou le perchoir ?

Pour les perroquets de grande taille tels l'amazone, le perroquet gris ou le cacatoès, on place l'arbre ou le perchoir le plus près possible de la cage pour qu'il puisse y grimper facilement.
Pour les espèces de petite taille — perroquet-moineau, inséparables, perroquet à tête de maure ou à ailes d'or —,

1) Arbre à perroquet. Vous pouvez le réaliser vous-même avec un peu d'adresse. Si les branches ne débordent pas du baquet, tout ce qui tombera au sol atterrira sur le sable du baquet et sera facile à nettoyer.

on place le perchoir ou l'arbre dans un autre coin de la pièce car ces espèces aiment voler. Ne mettez pas sur le perchoir des aliments mais seulement de quoi s'occuper.
Le perroquet sera ainsi obligé de rentrer dans sa cage quand il a faim ou soif. Respectez les règles suivantes pour l'emplacement de l'arbre ou du perchoir :
• il doit être à l'abri des courants d'air ;
• dans un emplacement sans ensoleillement direct, mais clair et avec vue par la fenêtre ;
• la cage sera à proximité d'un mur pour en protéger l'arrière.
Le mieux est un coin bien éclairé entre deux murs.
On peut aussi créer une zone protectrice avec des plantes adaptées.

Les plantes et l'oiseau

Même si votre perroquet passe ses journées hors de sa cage, il ne sera pas nécessaire de renoncer aux plantes vertes. Elles créent un environnement sécurisant pour l'oiseau et le protègent de la vue.
Mais il faut l'empêcher de les atteindre car il aura vite fait de les mettre en pièces à coups de bec. Cela est parfois un peu difficile car les oiseaux qui peuvent voler atteindront les plantes même si elles sont placées sur des socles aux parois lisses qu'il ne peut pas escalader. D'où l'importance d'éviter toutes les plantes vénéneuses. Préférez les plantes qui poussent vite, bon marché et faciles à remplacer.

Plantes d'intérieur vénéneuses : primevère, noix vomique, catharanthe, houx, toutes les espèces de Dieffenbachia, if, jacinthe, pervenche *(Vinca minor)*, toutes les solanacées telles que buisson de corail, Pachypodium, narcisses, laurier rose, baies d'ardisia, ellébore, Codiaeum variegatum, rose des sables, asparagus.
Les plantes suivantes ne sont pas réellement toxiques mais contiennent des substances irritantes pour les muqueuses qui risquent de provoquer des troubles chez votre perroquet : lierre, philodendron, Monstera, anthurium, allamanda, Aglaonema, Schefflera.
Attention aux cactées et autres plantes épineuses : l'oiseau peut se blesser les yeux.

2) Perchoir à perroquet du commerce. Celui-ci est peu équipé, mais vous pouvez facilement rajouter des niveaux avec quelques branches. Si vous ajoutez une corbeille d'osier régulièrement emplie de légumes frais, l'oiseau aura toujours à sa disposition des choses saines à grignoter.

Rogner les ailes

On raccourcit, à chaque aile, six à huit rémiges à raison d'une sur deux en commençant par la deuxième à partir de l'extérieur. On les taille aux ciseaux à 2 ou 3 cm du tuyau *(dessin ci-contre).*

On peut aussi rogner les ailes suivant la méthode illustrée sur le dessin du haut. Veillez à ce que les plumes soit bien développées et sorties du tuyau. Tant que le tuyau est empli de sang, les plumes continuent leur croissance et sont nourries par la circulation sanguine. Si vous blessez un tuyau, vous risquez de faire souffrir l'oiseau et de provoquer une hémorragie.

En haut, on raccourcit aux deux ailes les rémiges et les plumes intérieures du bout de l'aile. En bas, on raccourcit une plume sur deux tout le long de l'aile.

Mon conseil : si vous n'avez jamais rogné les ailes d'un perroquet, demandez une démonstration au préalable au spécialiste animalier ou au vétérinaire.

Important : rognez toujours les deux ailes, jamais une seule, ainsi l'oiseau pourra sans danger voleter jusqu'au sol ou battre des ailes pour se protéger.
Si vous n'en rognez qu'une, il risque de perdre l'équilibre et de se blesser.

Les plumes raccourcies repoussent en quelques semaines ou mois. Surveillez bien leur croissance, votre perroquet sera un jour de nouveau prêt à voler. Le danger de fugue sera d'autant plus grand que vous n'aurez pas pris les mesures de sécurité nécessaires.

L'humidité du plumage

Les perroquets proviennent presque exclusivement de zones où l'humidité atmosphérique est élevée. C'est elle qui donne ce reflet cireux à leurs plumes et les fait briller. L'air desséché de nos appartements et les conditions climatiques radicalement différentes rendent son plumage terne. La poussière du duvet provoque des démangeaisons et l'oiseau se gratte. Pour préserver la santé et la beauté du plumage, il faut le mouiller souvent. Donnez à votre oiseau au moins deux fois par semaine un bain ou une douche tièdes.

Le bain pour les espèces de petite taille : les petits perroquets aiment plonger ventre, tête et ailes dans l'eau. Quand l'oiseau est apprivoisé, on peut lui proposer un grand dessous de pot de fleur en terre cuite empli d'eau tiède. Il peut plus facilement y étendre ses ailes. Si la soucoupe est trop petite pour les oiseaux les plus grands, procurez-vous un bac à litière pour chat.

La douche pour les espèces de grande taille : ils préfèrent une douche d'eau tiède au vaporisateur. La première fois, tenez-vous à 2 m et arrosez-le tout doucement. Vous verrez à sa réaction si le bain lui plaît ou non. S'il cherche à échapper au jet, s'il se retire sur la branche la plus haute, n'insistez pas. Mais s'il étale ses ailes, se tourne et se retourne pour exposer toutes les parties de son corps au jet, le bain est bienvenu. Attention à ne pas le mouiller trop abondamment, il doit juste rester un mince film humide sur ses plumes.

Le perroquet apprécie particulièrement ce perchoir bien stable.

Le perroquet a absolument besoin d'un perchoir à l'extérieur de la cage pour se promener librement et s'exercer à faire des tours.

Le bain de rosée : quelle que soit leur taille, les perroquets apprécient de se baigner dans des feuilles ou des herbes humides. C'est une résurgence de leurs habitudes de vie en liberté : tôt le matin, ils cherchent leur nourriture dans l'herbe humide de rosée et en profitent pour se mouiller les plumes. Accrochez un bouquet d'herbes humides au toit de sa cage *(voir p. 39)* et vous le verrez s'y mouiller avec enthousiasme. Son plaisir sera encore plus grand si vous lui proposez des feuilles humides dans un plat assez grand pour qu'il puisse s'y ébattre *(illustration p. 22)*.

Mon conseil : pour le bain de rosée, pas de feuilles de laitue traitées contre les parasites par des substances, nocives et solubles dans l'eau.

Les soins

Tous les jours

Nettoyez le sol de la cage et autour du perchoir tous restes de nourriture et excréments. Mieux vaut recouvrir le sol d'une feuille de plastique. Mettez au fond de la cage de la litière, du sable frais, ou de papier.

Nettoyez à l'éponge les branches souillées, frottez-les au papier de verre si besoin.

Videz les augets, lavez-les à l'eau chaude, séchez-les avant de les remplir.

Vérifiez l'après-midi s'il lui reste assez de graines, complétez au besoin.

Toutes les semaines

Lavez à l'eau chaude le fond de la cage et séchez.

Lavez et séchez les jouets.

Tous les mois

Videz la cage et nettoyez-la à l'eau bouillante dans la baignoire, puis séchez-la.

Remplacez les branches abîmées dans la cage ou sur le perchoir par des branches fraîches bien nettoyées.

Les branches de bois naturel doivent être renouvelées de temps en temps.

Important : n'utilisez jamais de détergent pour le nettoyage, ils sont nocifs pour le perroquet. De l'eau à 55°C est suffisante.

Important : n'utilisez jamais un vaporisateur ayant servi pour traiter les plantes ! Après le bain, veillez à maintenir la température constante et à éviter les courants d'air.

La vie quotidienne

La toilette du plumage : au cours de la journée, le perroquet lisse chacune de ses plumes avec son bec pour en éliminer la poussière. Il prend du bout du bec un peu de graisse de la glande uropygiale pour la répartir sur les plumes, ce qui les rend brillantes et imperméables. Cette toilette soigneuse se renouvelle plusieurs fois par jour et dure chaque fois 20 à 30 mn.

L'alimentation : dès qu'il se réveille le matin, le perroquet a faim et soif. Après le long repos nocturne, il a besoin d'énergie. Veillez à ce que l'oiseau trouve dès le matin — dès que le jour se lève — des graines, même si vous vous réveillez après lui. Plus tard, quand vous lui apporterez sa ration de fruits et légumes frais, il va y goûter. Durant la journée, l'oiseau fait souvent un petit tour du côté de ses mangeoires et grignote, mais il a deux repas principaux dans la journée, le matin et en fin d'après-midi.

Le travail du bec : si vous lui donnez de quoi exercer son bec, le perroquet ne s'en prendra pas à vos affaires. Fournissez-lui des fruits, légumes et branches frais — au printemps, avec bourgeons et jeunes feuilles — mais aussi de l'herbe à chat ou du mouron que vous aurez fait pousser vous-même en pot *(voir p. 41).* Présentez-lui les noix suffisamment cassées pour qu'il puisse récupérer l'amande sans trop d'effort, sinon il les laissera tomber. Les perroquets de grande taille aiment jouer avec un os en peau de buffle, des bobines vides, un bout de bois, dur ou tendre suivant la force de leur bec.

La pause : le perroquet fait plusieurs pauses dans la journée. Soit il s'endort réellement, le bec caché sous les plumes du dos, perché sur une patte, soit il somnole, les yeux mi-clos.

Les cris redoutables : un perroquet domestique heureux ne doit pas utiliser toute la puissance de sa voix. S'il se met à crier comme dans la forêt vierge, c'est qu'il veut obtenir quelque chose ou qu'il se sent négligé. Si vous ne trouvez pas la raison de ces hurlements insupportables, couvrez la cage jusqu'à ce qu'il se calme. S'il n'est pas dans sa cage, parlez-lui, caressez-le ou donnez-lui une gâterie, cela devrait suffire.

Le perroquet est intelligent

Les perroquets sont des oiseaux très intelligents, en particulier certains cacatoès, les aras, les amazones et le perroquet gris. Ils apprennent presque tous à imiter toutes sortes de sons et à tirer le meilleur parti de leur environnement. Certains font même preuve d'initiative et sont capables d'actes délibérés. Leur mémoire est remarquable. L'ornithologue von Lucanus élevait en compagnie d'un perroquet gris une huppe que tous deux appelaient Höpfchen. Quand elle mourut, on ne parla plus d'Höpfchen.

Quand ils font la toilette de leur plumage, les cacatoès se passent souvent sur la tête une petite branche qu'ils tiennent à la patte afin de nettoyer toutes les plumes. Leur capacité d'utiliser un outil prouve l'intelligence de ces oiseaux.

Selon les spécialistes, les perroquets les plus doués pour parler sont : perroquet gris, amazone à nuque jaune, à tempes jaune, à ailes rouge, certains cacatoès. Ne soyez pas déçu si votre perroquet n'apprend pas à parler mais siffle de petites mélodies ou imite des bruits variés.

Neuf ans plus tard, M. Lucanus eut une nouvelle huppe. Quand le perroquet gris l'aperçut pour la première fois, il se mit à crier « Höpfchen, Höpfchen ! ».
Il aime faire des tours : de nombreux perroquets domestiques aiment apprendre des tours pour se faire remarquer. J'ai connu chez des amis un couple de perroquets à ailes d'or dont l'un avait inventé, chaque fois que le couvert était mis, d'aller chercher une clochette dans sa cage. Il la tenait dans son bec par une chaînette, allait se percher tête en bas sur la lampe au-dessus de la table et faisait tinter la cloche jusqu'à ce que toute la famille soit à table.

Le langage du perroquet

Les perroquets ont une expression vocale propre à l'espèce qui n'est compréhensible que par leurs congénères. Mais ils apprennent vite à distinguer certains sons car, même en captivité, le perroquet utilise son répertoire vocal pour exprimer son humeur. Quand il se sent bien, il ronronne, il souffle quand il est énervé, grince du bec quand il est détendu, il crie mais émet aussi des sons plus doux. Peu à peu, ces sons naturels se mêlent à ceux qu'il perçoit dans son environnement et qu'il imite.
Les perroquets savent imiter les miaulements, les aboiements, les vagissements de nourrissons, etc. Mais ils ne se contentent pas d'imiter les bruits, ils peuvent répéter des mots ou de courtes phrases. Cela commence souvent par des expressions liées à certaines situations qui se répètent, par exemple « allô », « bonjour » ou « bonsoir », des noms ou des jurons qu'ils entendent souvent, ou de courtes expressions toujours employées dans des situations précises. Naturellement, le perroquet les utilisera aussi en ces moments-là. J'ai l'habitude de dire à Moïse : « Je reviens bientôt » quand je quitte la pièce. Aussi quand je me lève pour sortir, Moïse me dit « Reviens bientôt ». Il n'a jamais assimilé le « je ».

Exercer son don

Si vous souhaitez que votre perroquet parle, parlez-lui souvent, lentement et en articulant. Répétez toujours la même phrase quand vous lui apportez à manger, quand vous partez ou revenez. Commentez tout ce que vous faites sous les yeux de l'oiseau. Vous allez vite constater ce qu'il en retient et comment il le restitue. Le perroquet est très attentif à toutes vos paroles tant que rien ne le distrait. Si vous vous apercevez que votre perroquet n'est pas doué pour parler, essayez de siffler ou de chanter. Beaucoup écoutent l'air avec la plus grande attention et cherchent rapidement à imiter au moins quelques notes.

Accoutumer deux perroquets l'un à l'autre

Quand ils atteignent un certain âge, les perroquets ont du mal à s'habituer à l'homme. Le mieux est alors de donner un compagnon à ce perroquet qui reste craintif. Si vos occupations ne vous laissent plus le loisir de lui consacrer beaucoup de temps vous pouvez être obligé d'en faire autant.

Cette amazone à front bleu est à la recherche d'un creux pour y faire son nid.

Comment s'y prendre ?

L'idéal est de trouver un perroquet de la même espèce. Mais une autre espèce peut convenir si la taille est identique. Mais, même si vous trouvez un perroquet qui correspond exactement à vos souhaits, ne vous précipitez pas pour l'acheter : il est possible que les deux oiseaux ne se supportent pas. Voyez avec le vendeur ou l'éleveur comment vérifier si les deux oiseaux vont s'entendre. Un vendeur ou un éleveur responsable devrait vous offrir cette possibilité.

Le moment est venu

Il vous faut d'abord une deuxième cage (que vous pouvez louer). Mettez un perroquet dans chaque cage, et placez-les côte à côte, les portes fermées. Les oiseaux peuvent

se voir et s'entendre sans être en contact direct. Dès le lendemain, vous pouvez laisser votre perroquet hors de sa cage, vous observerez mieux ses réactions au nouveau venu : l'ignore-t-il ou est-il, au contraire, attiré par la cage de son congénère ?
Lui parle-t-il, cherche-t-il même à le toucher à travers les barreaux ?
Dès que le nouveau venu a surmonté le choc du changement d'environnement et semble calmé, vous pouvez le laisser en liberté dans la pièce.
Mais respectez bien les mesures de prudence comme pour le premier vol *(voir p. 22).*
Les oiseaux vont s'approcher sans doute prudemment.
Le nouveau venu est de toute façon désavantagé. Où qu'il aille, il se trouve sur le territoire de votre perroquet.
S'ils en viennent à se battre, intervenez en faisant monter votre perroquet sur le bâton pour l'éloigner. Si l'autre le suit, laissez-les faire. De petites disputes sont nécessaires pour faire connaissance.
S'il n'y a pas de dispute, si les deux oiseaux sont perchés côte à côte et se câlinent, vous avez gagné : ils peuvent vivre ensemble dans une volière *(voir p. 11).*
Mais surveillez encore un peu leur vie de couple avant de les laisser livrés à eux-mêmes.
Veillez à ce qu'aucun ne prenne l'habitude de poursuivre l'autre, de le frapper du bec ou de le chasser de la mangeoire.
Si cela devait se produire, il vous faudrait vous défaire du nouveau venu.

Que faire du perroquet pendant vos absences?

Réfléchissez au problème avant qu'il ne se pose (voyage inopiné, hospitalisation...) car il n'est pas facile de trouver quelqu'un qui soignera votre oiseau.

Différentes solutions peuvent être trouvées :
Dans son environnement familier, à la maison : c'est là que le perroquet se sent le mieux. Mais vous devez avoir quelqu'un de confiance qui s'installe chez vous et vous remplace.
Le placement chez des amis ou des parents : il vous faudra alors transporter le perroquet avec tout son environnement.
Il a besoin d'objets familiers (cage et perchoir en particulier) pour accepter le changement d'univers.

Important : l'oiseau doit faire d'abord la connaissance de la personne qui s'occupera de lui. N'oubliez pas d'indiquer à cette personne tout ce qu'elle doit faire ni de faire des provisions de graines et de lui laisser de l'argent pour acheter les produits frais.

Mon conseil : les oiselleries ont des adresses d'amis des oiseaux qui acceptent de prendre des oiseaux en pension pour quelque temps.

Les dangers qui le menacent

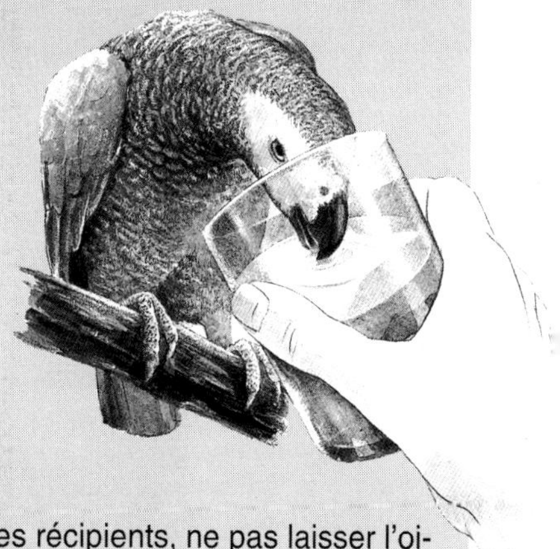

Danger	Comment l'éviter
Salle de bains : il peut s'envoler par la fenêtre ou se noyer dans le WC.	Maintenir la salle de bains fermée : l'oiseau ne peut y aller qu'avec vous.
Portes ouvertes : il aime s'y percher. Attention aux pattes lors de la fermeture.	Vérifiez toujours où l'oiseau est perché !
Sol : l'oiseau risque un coup de pied mortel.	Regardez où vous mettez les pieds.
Récipients pleins d'eau : l'oiseau peut glisser dans un seau, un bocal ou un vase et se noyer.	Couvrir tous les récipients, ne pas laisser l'oiseau en liberté quand vous faites le ménage.
Armoires, tiroirs ouverts : s'il est enfermé par inadvertance, il meurt d'étouffement ou de faim.	Ne laissez jamais rien ouvert, même entrebâillé.
Poisons mortels : alcool, plomb, mine de crayon, feutre et pointe à bille, épices, vert-de-gris, colle, vernis, dissolvants, engrais, film plastique, détergents, mercure, vaporisateurs, poudre à laver, fumée de cigarettes.	Toutes ces substances doivent être enfermées. Vérifiez également *(voir p. 27)* que vous n'avez pas de plantes vénéneuses.
Plaque de cuisson : il peut se brûler à mort en s'y posant.	Utilisez des protège-plaques bien isolants. Ne laissez jamais l'oiseau dans la cuisine.
Flamme de bougie : risque de brûlure mortelle.	Renoncez à allumer des bougies quand l'oiseau est en liberté.
Corbeille à papier, vasques : il risque d'y glisser et de mourir de faim ou de peur.	Tapisser les parois intérieures lisses de matériau tressé, emplir de sable les vasques décoratives.
Soleil brûlant, auto surchauffée : coup de chaleur mortel.	Aérez la voiture, assurez à l'oiseau une place à l'ombre.
Radiateurs, appareils électriques : brûlures mortelles.	Les mettre hors de portée de l'oiseau.
Différences de température : elles causent un refroidissement ou un coup de chaleur.	L'accoutumer peu à peu à des températures variant de 5 à 30°C.

Beaucoup de perroquets de grande taille tiennent les aliments entre leurs pattes.

Les oiselleries acceptent parfois, pour un prix réduit, de prendre un perroquet en pension. Il ne recevra pas de soins personnalisés et ne pourra pas voler, mais le magasin lui offre en revanche des distractions toute la journée. Renseignez-vous sur les soins du week-end.
Voyager avec l'oiseau : ce n'est possible que si vous avez une grande voiture et si vous restez en France car l'importation de perroquets est strictement interdite à l'étranger. Évitez absolument les courants d'air en auto. À l'hôtel, il vaut mieux que l'oiseau ne quitte pas sa cage car le personnel ne veillera pas à maintenir portes et fenêtres fermées. Le perroquet ne supporte pas le camping mais il appréciera une maison de campagne.

Bien le nourrir

L'alimentation du perroquet
Les perroquets trouvent dans leur environnement naturel une alimentation extraordinairement variée. Ils se nourrissent de graines, noix, fruits, herbes et plantes, tubercules, racines, écorces, jeunes pousses, pollen, bourgeons et nectar de fleurs.
De nombreuses espèces consomment également des larves et des insectes.
Chaque espèce a ses préférences, mais nous ne les connaissons pas encore toutes.
On ne trouvait autrefois que des oiseaux capturés et il était difficile de les habituer à une nourriture différente.
De nos jours, les petits nés chez l'éleveur sont habitués aux herbes, noix, fruits et graines de nos latitudes.
La nourriture de leurs régions d'origine ne leur manque pas puisqu'ils ne la connaissent pas.
Je vous conseille de fournir à votre perroquet la nourriture la plus variée possible.
Beaucoup de perroquets, surtout élevés en solitaires, reçoivent une nourriture trop peu variée, composée essentiellement de graines du commerce et d'un quartier de pomme de temps en temps, ce qui est à l'origine de carences en vitamines et de maladies de foie.

Les graines, aliment de base
On vous a sûrement conseillé un mélange particulier quand vous avez acheté l'oiseau.
Ce sera son aliment de base : la taille des graines correspond probablement à la force du bec de votre perroquet.
Observez bien s'il consomme toutes les graines. Souvent, il choisit celles qu'il aime et laisse les autres.
Certains mélanges pour perroquets de grande taille contiennent des grains de maïs, impossible à consommer parce que bien trop durs.
Quand vous aurez découvert les préférences de votre perroquet, vous pourrez préparer vous-même votre mélange.
On peut acheter toutes les graines séparément chez les grainetiers.
Pour éviter la monotonie, ajoutez de temps en temps des graines qu'il ne connaît pas encore.
Peut-être va-t-il les aimer, ce qui sera bon pour sa santé.

Important : si vous lui donnez un mélange du commerce, donnez des rations généreuses au cas où il n'en consommerait qu'une petite partie. Remplissez son auget une à deux fois par jour.

Les perroquets ont besoin d'une alimentation très variée pour éviter les carences en vitamines et les maladies du foie, premières causes de mortalité des perroquets domestiques.

FICHE PRATIQUE
Les aliments frais

Les perroquets décortiquent les graines avec la langue.

Cure de vitamines : les graines germées

Si vous faites faire à votre perroquet toutes les quatre à six semaines 15 jours de cure de graines germées, vous n'aurez pas besoin d'ajouter de préparation vitaminée *(voir p. 42)*. Faites germer les graines du mélange de base *(voir p. 40)* mais aussi avoine, froment, lentilles, millet, graines de cresson, raifort, luzerne, moutarde et lin (magasins d'alimentation diététique).

Test de germination : si les graines sont bonnes, elles produisent au contact de l'eau des réactions chimiques qui provoquent la germination. Les vitamines, sels minéraux et les oligo-éléments qui y étaient contenus se développent entraînant la germination d'autres graines. Si 50 % des graines germent sans moisir, le mélange est de bonne qualité.

Recettes de germination

Dessin 1 :
Mettez une à deux cuillerées à soupe de mélange de graines dans un saladier, couvrez d'eau et laissez gonfler 24 h dans le saladier couvert.

Dessin 2 :
Passez les graines gonflées au tamis fin et rincez à fond à l'eau tiède. Puis répartissez les graines dans un plat de verre et couvrez, par exemple avec une soucoupe de verre. Laissez alors germer 48 h à température ambiante dans un endroit bien éclairé.

Dessin 3 :
Dès l'apparition des germes, ou même de petites tiges, vous pouvez donner les graines à votre perroquet, après les avoir soigneusement rincées et égouttées.

Remarque : les graines germées pourrissent très vite. En été, enlevez les restes deux heures après et nettoyez l'auget.

Savoir donner les aliments frais

Fruits, légumes et herbes sont indispensables à l'alimentation du perroquet. Mais même un perroquet de grande taille ne peut tenir une pomme avec sa patte : il faut la lui donner coupée. Vous trouverez ci-contre la manière de donner correctement les aliments frais à votre perroquet.

1) Mettre les graines dans un saladier de verre et couvrir d'eau. Mettre un couvercle avec un bâtonnet pour que l'air puisse pénétrer dans le saladier.

2) Au bout de 24 h, les graines ont gonflé. Rincez-les alors dans un tamis fin.

3) Remettez les graines rincées dans le saladier, avec le couvercle et le bâtonnet. Laissez germer à température ambiante pendant 48 h.

Dessins 4 et 5 :
Il faut souvent faire preuve d'imagination pour amener le perroquet à goûter fruits ou légumes.
Accrochez par exemple un morceau de poivron au bout d'une petite corde dans sa cage. En jouant à lui donner des coups de bec, le perroquet va y goûter.
Les herbes fraîches, plantes sauvages et légumes à feuilles seront liés en bouquets et accrochés au toit de la cage, avec une pince à linge.

Mon conseil : le perroquet est curieux. Goûtez devant lui avec gourmandise fruits ou légumes. Il va peut-être se laisser entraîner à vous imiter.

Dessins 6 et 7 :
Les perroquets de grande taille tiennent leurs aliments avec la patte.
Coupez légumes et fruits en morceaux de 2 cm que vous mélangerez dans une corbeille.
Les perroquets plus petits ne peuvent tenir les aliments, ils les attaquent avec le bec. Vous les leur fixerez entre les barreaux. Vous pouvez aussi râper grossièrement fruits et légumes, les mélanger avec de la salade ou des épinards coupés en morceaux dans un auget plat.

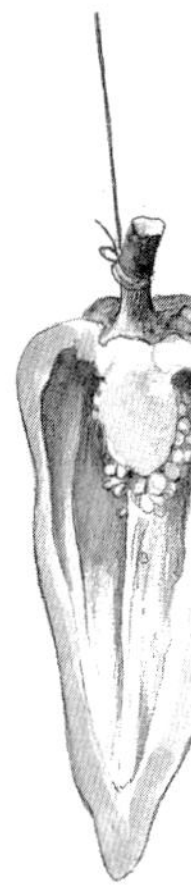

4) Accrochez un demi-poivron bien lavé à une courte ficelle dans sa cage ou à son perchoir.

Il a ses habitudes
Un perroquet ne se laisse pas contraindre. Ce qu'il n'aime pas, il n'y touchera pas.
Parfois il refuse de consommer les aliments de la façon dont vous les lui présentez. Il a ses propres habitudes.

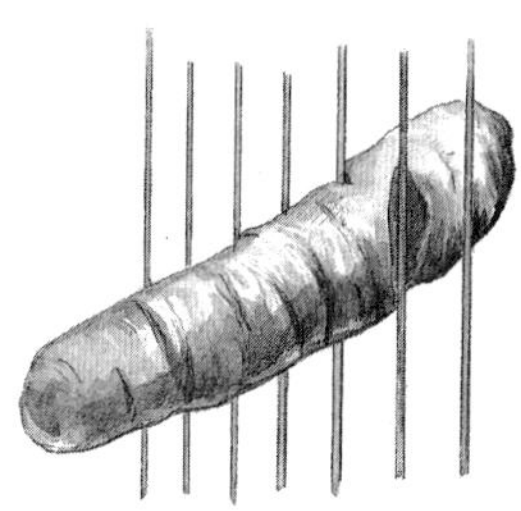

6) On coince la carotte entre les barreaux de la cage.

5) Accrocher les herbes fraîches au toit de la cage avec une pince à linge.

Certains aiment ramollir leurs graines dans l'abreuvoir avant de les décortiquer pour les consommer.
Si vous avez un abreuvoir automatique, donnez-lui aussi un petit auget d'eau.

7) Fixez la pomme – pelée – par quartiers entre les barreaux.

Le repas fini, cet ara à ailes d'or joue avec l'assiette.

Les bonne graines
Toutes les graines ci-dessous peuvent être données au perroquet, mi-mûres, ou mûres, accrochées à la plante ou en épis.
Pour les perroquets de grande taille : graines de tournesol, un peu de chanvre, noisettes, arachides, pignons, graines de citrouille, blé, avoine, différents millets, bois frais, écorce, bourgeons et jeunes pousses.

Remarque : présentez la noix cassée, il ira la chercher avec son bec.

Jamais de noix salées ! Attention aux arachides et pignons, ils sont sensibles à la moisissure (vérifiez la qualité, voir ci-contre) qui forme de la poussière au moment où on les casse. Les pignons décortiqués ont un reflet sombre. S'ils sont mats, ils peuvent être moisis.

Pour les perroquets de taille moyenne : petites graines de tournesol, un peu de graines de citrouille et de chanvre, quelques graines de lin, blé, avoine, bois frais, bourgeons, jeunes pousses.

Mon conseil : donnez les graines de tournesol non décortiquées, cela l'occupera et l'empêchera de manger trop par désœuvrement.

Vérifiez la qualité

Ne stockez pas les graines que vous destinez à votre perroquet, elles perdraient leurs vitamines et leurs éléments nutritifs. Pour vérifier la qualité, faites le test de germination *(voir p. 38)*.

Signes de décomposition :

• Pourriture : odeur désagréable. Les graines saines sont inodores.

• Moisissure : les graines sont couvertes d'un voile blanchâtre.

Attention : la moisissure cause des maladies mortelles !

• Parasites : les graines sont collées entre elles ou couvertes de toiles d'araignées.

• Graines oléagineuses rances : invisibles à l'œil nu. Goûtez-les quand vous les achetez, et jetez-les si elles ont goût de rance car elles sont dangereuses.

• Ergot : les graines atteintes sont noires et triangulaires. Éliminez-les.

• Graines souillées et abîmées : éliminez-les. La saleté contient des germes de maladie et les graines abîmées ont perdu leurs qualités nutritives.

Sachez les conserver : si vous n'avez qu'un ou deux perroquets, un paquet fera plusieurs semaines. Conservez les graines, comme les céréales, dans un endroit sec, sombre et bien aéré. Suspendez-les dans un sac en fibre naturelle. Jamais en bocal, boîte en fer ou sachet de plastique.

Récolter les plantes sauvages

Graines, fleurs et fruits sont une nourriture riche et une source d'activité pour le perroquet qui doit décortiquer ses graines.

Graminées : pâturin *(Poa annua)*, pâturin des prés *(Poa pratensis)*, des bois *(Poa chaixii)*, raygras anglais *(Lolium perenne)*, petite fenasse *(Holcus lanatus)*.

Fleurs et herbes : mouron des oiseaux *(Stellaria media)*, oseille *(Rumex acetosa)*, pissenlit *(Taraxum officinale)*, capselle-bourse de berger *(Capsella bursa pastoris)*.

Toutes les sortes de millet et de renouée : millet pied-de-coq *(Panicum crus-galli)*, digitaria *(Panicum sanguinale)*, millet à balai *(Setaria viridis)*, millet commun *(Panicum milaceum)*, renouée des oiseaux *(Polygonum aviculare)*.

Baies et fruits sauvages : baies de sorbier, d'argousier et d'églantier. On peut les congeler pour l'hiver.

Remarque : vous pouvez faire pousser mouron des oiseaux et herbes aromatiques sur le rebord de la fenêtre toute l'année. Vous pouvez congeler de nombreux espèces de plantes sauvages.

Attention : ne récoltez pas les plantes sauvages le long des routes et des champs ; elles sont empoisonnées par les gaz d'échappement et les traitements. Rincez les plantes sauvages à l'eau tiède et égouttez-les.

Fruits et légumes sont indispensables au perroquet, lui fournissent les vitamines nécessaires, l'empêchent d'engraisser et gardent son plumage brillant.

Fruits et légumes

Donnez chaque jour des fruits et des légumes à votre perroquet : il n'engraissera pas et son plumage restera brillant.

Légumes crus : aubergines, chicorée, petits pois — avec les gousses —, morceaux d'épis de maïs ou grains de maïs, feuilles d'épinard, salade, endive, chou chinois, mâche, carottes, courgettes, oignons doux, tomates, céleri en branche, bulbes de fenouil, poivron, cresson des fontaines.

Légumes indigestes : tous les choux, pommes de terre crues et vertes, haricots verts, salade traitée, avocat.

Fruits : ananas frais, abricot, pomme pelée, banane, poire pelée, mûre, datte fraîche, figue fraîche, framboise, cerise, kiwi pelé, figue de barbarie pelée, mangue pelée, mandarine, orange, melon, pêche, raisin, papaye, baies d'argousier, kaki.

Fruits indigestes : pamplemousse, citron, prune, rhubarbe, tous les fruits secs, donc soufrés.

Ces aras se nourrissent mutuellement. Ce comportement fait partie de la vie de couple de nombreuses espèces de perroquets ; on l'observe particulièrement pendant la parade amoureuse.

Besoins nutritifs

Certains événements, comme la mue *(voir p. 44),* le manque de soleil ou le changement d'environnement peuvent être une source de stress pour le perroquet et augmenter ses besoins nutritifs. Pour vous assurer qu'il ne manque de rien, proposez-lui à travers les barreaux de sa cage une pierre à aiguiser le bec dont l'emballage porte l'inscription « contient tous les éléments nécessaires à la formation des os et des plumes ». Le perroquet trouve également des éléments minéraux dans le sable qui tapisse le fond de sa cage. Si vous ne mettez que du papier, proposez-lui du sable pour oiseaux dans un petit auget. Il contient des gravillons utiles à la digestion. En hiver, pendant la mue ou s'il est malade, il convient d'ajouter aux fruits et légumes une préparation vitaminée en poudre (oisellerie ou pharmacie). Vérifiez qu'elle contient bien les vitamines A, B, C et E.

Important : respectez la date de péremption car les vitamines ne sont plus efficaces au bout d'un certain temps.

Il mange à la table familiale

Les perroquets adorent participer au repas de famille. Vous pouvez lui faire goûter quelques-uns de vos aliments :

Ce qui est bon pour lui :
- Une à deux fois par semaine, 1/2 à 1 cuillerée à soupe de fromage blanc maigre enrichi d'herbes hachées ou d'un jaune d'œuf écrasé.
- Un dé de 1 x 1 cm de fromage à pâte dure.
- Une cuillerée à soupe de céréales amollies dans un mélange égal de lait et d'eau. Les germes de blé (dans les magasins diététiques) sont aussi très riches en vitamines.
- Des pâtes cuites non assaisonnées ou un morceau de pomme de terre pelée (le tout bien refroidi).
- Croûton de pain, cornflakes, gâteau sec, un peu de pain dur ramolli dans un mélange égal de lait et d'eau.
- Les perroquets qui tiennent leurs aliments avec la patte peuvent ronger un os de côtelette ou une patte de poulet. Ils mangent les restes de viande accrochés à l'os et se font le bec sur le cartilage.

Ce qui est mauvais :
- Les aliments qui sortent du réfrigérateur et sont trop froids.
- Les mets trop chauds.
- Les mets gâtés ou moisis, même après avoir ôté la partie abîmée : pourriture et moisissure continuent leur œuvre invisible à l'intérieur de l'aliment.
- Les aliments salés et épicés, surtout sel, sucre et épices purs.
- Chocolat, entremets, crème fraîche, tarte, sucreries.
- Graisse pure et aliments très gras.
- Boissons alcoolisées, bière, café, coca cola, limonades et eaux minérales gazeuses.

Les perroquets de grande taille se servent de leur patte pour porter au bec des morceaux d'aliments. S'il porte souvent la patte au bec sans aliments, c'est signe qu'il est malheureux ou énervé.

Attention : si vous acceptez votre perroquet à table, soyez vigilant. Il peut s'ébouillanter avec les aliments trop chauds, se brûler la langue ou prendre un aliment qui lui ferait du mal.

La boisson

Il doit disposer en permanence d'eau potable fraîche et non souillée. Certaines espèces font descendre l'eau le long de leur gorge en extension. Ils ont donc besoin de place pour pouvoir rejeter la tête en arrière. Ne leur donnez pas d'abreuvoir couvert. Si vous voulez faire une gâterie à votre perroquet, offrez-lui une boisson pour oiseaux (oisellerie). L'eau minérale non gazeuse — dont les composantes sont indiquées sur l'étiquette — est aussi recommandée. S'il est malade, le vétérinaire lui prescrira de l'eau bouillie, du thé léger ou une infusion.

Votre perroquet est malade

Maladie du perroquet, piquage, malformation des plumes ou mue préoccupent l'amateur de perroquets. Vous trouverez toutes précisions dans les pages suivantes.

Son comportement se modifie
Si vous constatez un jour que son comportement se modifie, observez-le de plus près. Il peut être simplement de mauvaise humeur, fatigué ou triste. Cette humeur ne dure pas longtemps et cède la plupart du temps si vous le caressez ou jouez avec lui. Mais vous devez vous inquiéter s'il reste des heures immobile perché sur les deux pattes, la tête sous les plumes. Il ne fait pas attention à ses aliments ou grignote du bout du bec. C'est signe qu'il couve une maladie. Chez le perroquet, beaucoup de maladies deviennent très graves en 24 h. N'hésitez pas, au moindre symptôme suspect, à consulter le vétérinaire. Le traitement est toujours difficile, surtout s'il est entrepris tardivement *(Fiche pratique p. 46/47).*

Mon conseil : quand vous achetez votre perroquet, occupez-vous de trouver un vétérinaire qui connaît ces oiseaux. Votre vendeur saura vous conseiller. Vous pouvez aussi contacter les éleveurs de perroquets qui travaillent, en général, en collaboration avec des vétérinaires.

La mue
Ce n'est pas une maladie mais un événement naturel qui permet de renouveler du plumage. À l'état domestique, le perroquet mue, en général, une fois l'an. Mais s'il est exposé à des changements de température fréquents, il peut muer plus souvent. Les oiseaux jeunes et en bonne santé traversent la mue sans encombre. Les perroquets plus âgés peuvent donner l'impression qu'ils sont malades. L'exposition aux rayons infra-rouges *(voir p. 46)* est la mesure d'urgence qui convient : pendant la mue, l'oiseau a besoin de chaleur, de repos et d'une nourriture riche en vitamines. Lors de la mue, il perd une bonne quantité de plumes. Les plus petites repoussent en quelques jours, les plus grandes en quelques semaines. Il est rare que la mue le rende incapable de voler, mais si c'est le cas, aidez-le à passer de son perchoir à sa cage.

Les aras macao sont parmi les espèces les plus menacées de disparition, aussi leur commerce est-il interdit.

FICHE PRATIQUE
Premiers soins

1) Perroquet malade. On reconnaît souvent la maladie aux yeux ternes et sans éclat de l'oiseau.

Les symptômes

Si vous constatez un ou plusieurs des symptômes suivants, consultez le vétérinaire immédiatement.

- Modification des selles : des selles liquides peuvent n'être qu'un symptôme passager de troubles psychiques, d'une trop grande consommation de fruits ou d'écarts de température. Cela doit revenir à la normale en quelques heures. Mais si les selles liquides sont colorées, mousseuses, avec des traces de sang, couvrez le dessous du perchoir d'un plastique et apportez les selles au vétérinaire qui va les examiner.
- L'oiseau ne fait pas de selle durant plusieurs heures.
- L'oiseau éternue souvent, avec un écoulement nasal.
- L'oiseau baille beaucoup avec une respiration bruyante.
- L'oiseau saigne d'une blessure, ou de l'anus.
- La membrane de croissance ou les pattes n'ont pas l'aspect habituel.
- Il laisse pendre une aile ou une patte.
- Le bec supérieur dépasse, ou est tordu de côté.
- L'oiseau ne cesse de fourrager dans son plumage et de se gratter nerveusement.

Les premiers gestes

Il n'est pas toujours possible de se rendre immédiatement chez le vétérinaire avec le perroquet malade.
Vos premiers gestes peuvent être décisifs pour la survie de votre perroquet.

Les yeux vous indiquent qu'il est malade

Dessin 1 : Outre les modifications de son comportement *(voir p. 44)*, les yeux ternes et sans éclat indiquent qu'il est malade.

Assurez-lui une température constante

Dessin 2 : Quand il est malade, il a besoin de solitude, de repos et de chaleur. Placez à environ 30 cm de la cage un projecteur à infra-rouges de sorte que l'oiseau puisse se tenir à son gré dans l'espace chauffé ou en dehors. Comme il a besoin d'air humide, placez entre le projecteur et la cage un récipient empli d'eau chaude pour augmenter l'humidité ambiante. Si la maladie n'est

2) Le perroquet malade a besoin d'une température constante qu'un projecteur à infra-rouges placé à 30 cm de la cage peut lui fournir. Veillez cependant, à ce qu'il reste une zone fraîche dans la cage.

pas grave, ce traitement devrait suffire. Vous pouvez laisser le projecteur en marche 48 h. La température de la cage devrait être de 29 à 30°C. Quand votre patient vous semble guéri, avant d'éteindre le projecteur, éloignez-le d'abord peu à peu pour que la température diminue progressivement. De brusques écarts de température risquent d'entraîner un refroidissement et une rechute.

Important : le rayonnement risque de lui être nocif s'il a des convulsions. Consultez immédiatement le vétérinaire.

Pour attraper le perroquet
Dessin 3 : Si vous ne parvenez pas à faire grimper l'oiseau sur le bâton ou sur votre bras pour le mettre dans sa cage, il vous faut l'attraper. Faites l'obscurité, mettez-lui une serviette éponge sur le dos et attrapez-le par derrière de façon à maintenir les ailes et la tête. En le tenant bien contre vous, amenez-le devant la porte ouverte de la cage de sorte qu'il n'ait pas d'autre issue que d'y entrer.

Important : pour l'attraper, tenez bien la tête pour qu'il ne puisse pas vous mordre.

La visite chez le vétérinaire
Si vous avez encore le carton qui vous a servi à transporter l'oiseau après l'achat, utilisez-le pour aller chez le vétérinaire. Le transport de l'oiseau dans sa cage n'est possible qu'en auto. Dans beaucoup de villes, il y a un service d'urgence pour la nuit et les jours fériés. Vous aurez pris la précaution, dès l'achat du perroquet, de noter ces renseignements.
N'oubliez pas :
• d'emmener un échantillon de selles et de mettre du papier plutôt que du sable dans le fond de la cage pour que le vétérinaire puisse examiner les selles les plus récentes ;
• d'emmener un échantillon du mélange de graines que vous lui donnez en ce moment ;
• de protéger l'oiseau pendant le transport contre le froid, l'humidité et la chaleur.
Couvrez la cage ou le carton d'une couverture de laine en veillant à laisser entrer l'air.

Mon conseil : il existe dans certaines villes des taxis équipés pour transporter des cages d'animaux.

Médicaments
Si le vétérinaire prescrit des médicaments, respectez les doses et la durée du traitement scrupuleusement. S'ils sont liquides, il faut les dissoudre dans l'eau de boisson. Empêchez-le d'étancher sa soif avec fruits et légumes ou à un robinet qui goutte, sinon il ne prendra pas son médicament.

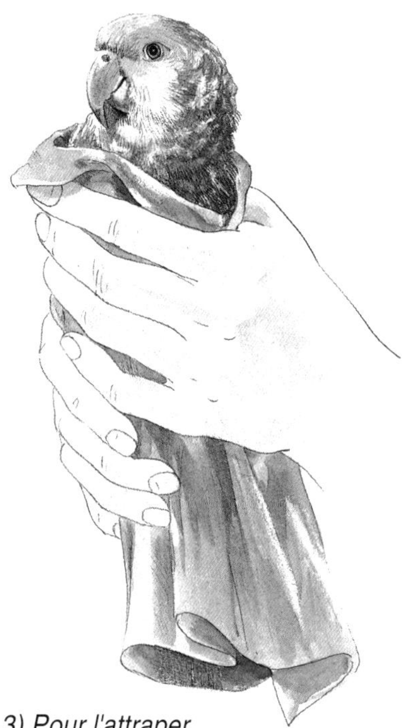

3) Pour l'attraper, obscurcissez la pièce, entourez le dos et les épaules de l'oiseau d'une serviette et saisissez-le des deux mains.

Si le médicament est en poudre, saupoudrez-le sur son mets préféré ou sur une gourmandise qu'il va sûrement manger. Les comprimés doivent être écrasés. Votre vétérinaire saura vous conseiller et vous aider. Il n'y a pas de règle universelle, chaque perroquet réagit différemment aux tentatives d'ouverture du bec.

Un couple de cacatoès à l'œil nu devant son nid.

Malformation et chute des plumes
Chez les perroquets âgés, mal nourris ou en mauvaise santé, la mue peut entraîner une malformation des plumes.
Les causes peuvent en être une carence, un déficit hormonal ou un kyste au niveau du bulbe de la plume. Il faut consulter le vétérinaire.
En revanche, il y a peu de chance de voir guérir une maladie qui apparaît, surtout chez les cacatoès à joue jaune, après une mue.
Les plumes qui repoussent sont faibles et tombent dès que l'oiseau fait sa toilette.
Elles poussent clairsemées et l'oiseau devient chauve. En même temps, on constate le ramollissement du bec et des griffes qui se mettent à pousser très vite. On suppose qu'il s'agit d'un virus mais on n'en sait pas plus.

Le piquage
Beaucoup de perroquets s'arrachent les plumes au point qu'il n'en reste plus que sur la tête. Certains se mordent jusqu'au sang.
Les ornithologues pensent qu'il s'agit de troubles psychiques occasionnés par la perte du compagnon, du maître, ou par l'absence d'un partenaire au moment de la maturité sexuelle.
D'autres rendent responsables le stress des volières surpeuplées, le manque d'exercice, les erreurs d'alimentation ou les parasites.
L'efficacité des remèdes n'est pas constante. Certains perroquets, qui avaient pris cette mauvaise habitude pendant les vacances de leur maître ou après une maladie, ont été guéris par beaucoup d'attention et de tendresse.
Mais ne méconnaissez pas les risques d'une véritable carence.
Quoi qu'il en soit, consultez toujours le vétérinaire si votre perroquet s'arrache les plumes.

La maladie du perroquet
Cette maladie autrefois redoutée est difficile à diagnostiquer car il n'y a pas de symptôme univoque. Les oiseaux malades sont apathiques, ont des selles trop molles avec des traces de sang, le rhume, souffrent de gêne respiratoire ou présentent une conjonctivite des paupières inférieures avec des sécrétions purulentes. Ces symptômes apparaissent isolés ou associés.
Si l'oiseau vous semble mal en point, traitez-le aux rayons infra-rouges et si les malaises ne disparaissent pas en 24 h, consultez le vétérinaire.
La psittacose se transmet aux humains. Elle est rare, mais peut être très dangereuse, en particulier chez les sujets âgés ou ceux ont des troubles circulatoires.
Les perroquets peuvent être porteurs sans montrer le moindre signe et sans être eux-mêmes jamais atteints. Il est possible de vérifier si votre oiseau est porteur ou non. Traités à temps, homme et oiseau peuvent être guéris.
Toute ornithose doit être déclarée, votre vétérinaire vous dira, le cas échéant, ce qu'il faut faire.

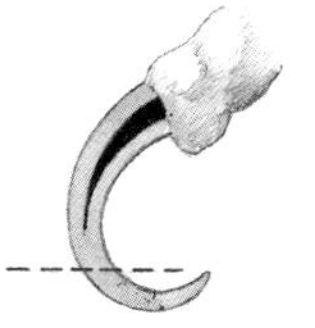

Voici comment couper les griffes trop longues. Attention à ne pas toucher les vaisseaux sanguins que l'on voit par transparence si l'on place la griffe devant une lampe.

Vos perroquets ont des petits

Dispositions légales

Si vous voulez élever des perroquets, il vous faut une autorisation.
Vous devez présenter à l'appui de votre demande le certificat établi au moment de l'achat et le certificat CITES *(voir p. 16)*. Un vétérinaire spécialisé viendra s'assurer de l'état sanitaire de votre perroquet et des conditions de vie et d'élevage. C'est lui qui vous fournira le « registre officiel » que vous devez tenir avec les explications nécessaires. Vous devez produire l'autorisation d'élevage pour obtenir auprès des services compétents les bagues *(voir p. 16)* pour vos jeunes perroquets.

L'ara tend son croupion à son partenaire pour qu'il lui lisse les plumes de la queue. La toilette mutuelle du plumage est importante pour la formation du couple.

Marier les perroquets

Vous devez d'abord trouver deux perroquets adultes, de même espèce et de sexes différents, et qui s'entendent bien. Il a déjà été expliqué *(voir p. 22)* comment faire pour accoutumer deux perroquets l'un à l'autre. Si vous voulez qu'ils se reproduisent, vous les mettrez ensemble dans une grande volière. Donnez-leur un nichoir suffisant pour que la femelle puisse y pondre. Certaines espèces dorment toute l'année dans le nichoir. Ils s'y sentent en sécurité, ce n'est pas pour autant qu'ils vont se reproduire.

Le nichoir

La taille et la forme du nichoir *(voir dessins p. 52 et 54)* dépendent de la taille de votre perroquet. Demandez conseil à un marchand spécialisé.
Principes généraux :
- La longueur du nichoir doit être celle de l'oiseau sans la queue et le sol doit avoir un creux pour le nid.
- Pour les perroquets de grande taille, la hauteur du nichoir sera égale à trois fois sa longueur.

• L'ouverture doit correspondre tout juste à la largeur des épaules de l'oiseau.
• Dans le nichoir, des échelons permettent de passer de l'ouverture au creux du nid, ils sont faits de courtes branches bien fixées. À l'extérieur, au-dessous de l'ouverture, mettez une forte branche assez longue (pas de grille métallique pour grimper dans le nichoir, les oiseaux risquent d'y rester accrochés).
• L'ouverture de contrôle *(voir p. 54)* doit pouvoir se manœuvrer de l'extérieur et être assez grande pour y passer une main. Elle se trouvera dans le tiers inférieur juste au-dessus du creux du nid.
• Pour les grandes espèces, le nichoir est en bois dur, en bois tendre pour les espèces de petite taille (20 à 25 mm d'épaisseur).
• Pour faire son nid, la femelle met en pièces le bois tendre tapissant les parois intérieures. Vous pouvez aussi lui donner un mélange de tourbe et de litière pour hamsters (pas de copeaux, ils risquent de provenir de bois traités).

Mon conseil : les éleveurs expérimentés installent une grille amovible devant l'ouverture du nichoir afin de pouvoir la fermer avec une chaîne. Ce peut être utile pour changer la litière ou vérifier la couvée, pour maintenir à l'écart la femelle souvent agressive.

Le bon emplacement : accrochez le nichoir dans la volière sur une paroi de façon à pouvoir ouvrir facilement la trappe de contrôle et regarder dans le nichoir. Modifiez les installations de la volière de façon à pouvoir effectuer de l'extérieur les gestes quotidiens (emplir mangeoires et abreuvoir) en dérangeant les oiseaux le moins possible.

Deux oiseaux d'espèces différentes se sont mis en couple mais ils ne pourront pas se reproduire.

L'installation dans le nichoir
Les deux oiseaux vont sans doute hésiter avant d'explorer le nichoir. Si la femelle se met à passer de plus en plus de temps dans le nichoir, elle se sent peut-être en humeur amoureuse. Si le mâle y est sensible, il va tenter de la séduire avec le rituel de la parade

amoureuse *(parade et accouplement, voir p. 61)*. Mais n'attendez pas des résultats immédiats ; cela peut prendre des mois.

Remarque : si les perroquets investissent le nichoir et semblent prêts à se reproduire, c'est signe qu'ils se sentent bien chez vous.

Les aliments de premier âge

Dès que vous remarquez que vos perroquets sont d'humeur amoureuse, proposez-leur des aliments de premier âge. S'ils doivent nourrir leurs petits, mieux vaut les habituer au goût de ces aliments.

Ce nichoir (46 x 26 x 38) convient pour les petites espèces.

Ce qui convient :

- le pain blanc ou noir amolli dans un peu de lait et légèrement sucré au miel ou au nectar (aliment spécial pour loris, en vente dans les oiselleries) ;
- la nourriture pour bébés de premier âge, mêlée à du pain blanc amolli et du jaune d'œuf dur ;
- du riz au lait légèrement sucré au miel ou au nectar ;
- du poulet cuit et haché ;
- des boulets de luzerne, aliment tout prêt pour animaux domestiques que vous tremperez 2 h dans l'eau avant de le mélanger à du pain amolli au lait.

Mon conseil : enrichissez ces mélanges d'un apport en calcium et en vitamines (voir p. 42). Ces préparations se trouvent dans les oiselleries. Respectez les dosages prescrits.

La couvaison

Pendant cette période, suivez bien les conseils ci-dessous pour ne déranger en rien le processus de reproduction.

- Les oiseaux ont besoin de beaucoup de repos. Évitez tout dérangement inutile.
- La température doit rester constante. Si vos oiseaux se sentent bien à 20-22° C, maintenez cette température.
- L'humidité atmosphérique doit être de 60 à 70 %. Utilisez un humidificateur électrique.
- C'est toujours la même personne qui doit s'occuper des oiseaux. N'autorisez l'entrée de la pièce à quelqu'un d'autre qu'exceptionnellement.
- Même si vous êtes sûr que la ponte a déjà eu lieu, refrénez votre curiosité, ne regardez pas dans le nichoir. La femelle est particulièrement susceptible les premiers jours et risquerait d'abandonner ses œufs si on la dérange.

Important : si vous trouvez la femelle hors du nid, les plumes ébouriffées, alors qu'elle restait d'habitude dans le nichoir, sans doute a-t-elle des difficultés pour pondre. Saisissez-la doucement avec une serviette (voir p. 47) et mettez-la dans la petite cage pour l'exposer aux infra-rouges. La température de la cage doit atteindre 33° C pour que le spasme se calme et que l'œuf soit pondu. Si cela ne se produit pas dans les 2 à 3 h, il faut transporter l'oiseau chez le vétérinaire en maintenant la température constante : il est en danger de mort.

Cette femelle ara macao nourrit sa couvée.

Que faire de la couvée ?

Tant que les oisillons sont encore au nid, vous avez le temps de chercher que faire des jeunes perroquets quand ils auront pris leur envol. Vous connaissez peut-être des amateurs intéressés qui aimeraient avoir un couple. Vous pouvez aussi prendre contact avec un éleveur intéressé lui-même ou qui pourrait vous adresser à des collègues. Observez bien le comportement des parents avec leurs petits quand ceux-ci ont quitté le nid. Chez certaines espèces, la rivalité s'éveille dès que les petits ont grandi. Les mâles chassent leurs fils et les empêchent de se nourrir. Ou bien les femelles persécutent leurs filles. Il faut intervenir immédiatement. Séparez les petits de leurs parents et installez-les dans une volière à part, suffisamment grande.

FICHE PRATIQUE
Les petits

Contrôlez les œufs

Quand la femelle a pondu deux à trois œufs et qu'elle les couve, attendez cinq jours pour vérifier si les œufs sont fécondés. Vous ferez cette vérification pendant une de ses brèves absences.

Ouvrir la trappe de contrôle :
Dessin 1
Ouvrez la trappe de contrôle du nichoir. L'idéal est que vous n'ayez pas besoin d'entrer dans la volière pour cela. Prenez les œufs un à un et tenez-les devant une source lumineuse.
S'ils sont fécondés, l'intérieur est plus sombre, sinon, ils sont clairs, presque translucides.
Même si un seul œuf est fécondé, remettez-les tous dans le nichoir pour ne pas irriter la femelle.
L'oisillon qui va naître sera soutenu et réchauffé par les autres œufs quand la mère quittera le nid. Si tous les œufs sont clairs, enlevez-en un chaque jour : la femelle pondra tôt ou tard une nouvelle couvée. Après ce contrôle, vous n'aurez plus rien à faire jusqu'à l'éclosion, 22 à 30 jours plus tard suivant l'espèce.

L'éclosion

C'est le mâle qui vous révélera que l'événement est proche.
Il donne des signes de nervosité. Dès que la femelle quitte le nid, il se précipite à l'entrée, ne cesse de regarder dans le nichoir.
Ne vous laissez pas influencer par sa nervosité. Vous ne devez surtout pas intervenir.
Augmentez un peu la température du nichoir avec les infra-rouges *(voir p. 47).*
La température idéale pour éclore est de 37° C, l'humidité atmosphérique devrait atteindre 70 à 80 %.
Les oisillons vont sortir au rythme d'un tous les deux ou trois jours.
On s'en aperçoit aux cris perçants avec lesquels ils réclament à leur mère leur nourriture.
Mais le père aussi est sensible à ces cris : il apporte à sa femelle des aliments qu'il lui enfourne dans le bec par l'ouverture du nichoir.
Quand les oisillons sont nés, leur survie dépend de la capacité de la mère à les nourrir suffisamment et à les couver encore pour leur éviter le refroidissement. Mais si elle ne le fait pas, vous n'avez aucun moyen d'influencer son comportement.

1) Nichoir creusé dans un tronc pour perroquets de grande taille. Notez le « toit ouvrant » et la trappe de contrôle insérée bas.

Mon conseil : pour augmenter l'humidité dans le nichoir, vaporisez-le de l'extérieur une à deux fois par jour avec un vaporisateur pour les plantes.

Les nourrissons

Suivant l'espèce, les oisillons vont mettre 30 à 90 jours pour quitter le nid, dans l'ordre où ils sont sortis de l'œuf.
L'exemple de l'ara macao illustre les différentes étapes de sa croissance.
À 8 jours (dessin 2) :
Les yeux sont encore fermés, ils vont s'ouvrir entre le 10e et le 12e jour. Le petit pèse à peine 100 g.

À 32 jours (dessin 3) :
Les tuyaux des plumes apparaissent aux ailes, à la tête et à la queue.
À 38 jours (dessin 4) :
Les plumes de la tête, des ailes et de la queue sont bien reconnaissables maintenant. Le petit pèse presque 800 g.

Même après qu'ils aient quitté le nid, les petits sont encore nourris quelques semaines par leur père tant qu'ils ne sont pas autonomes.
Ils perdent d'abord du poids car il leur faut apprendre à décortiquer les graines et cela leur prend du temps.
Outre les graines, donnez aux oisillons suffisamment de fruits et continuez les aliments de premier âge *(voir p. 52).*

Le contrôle quotidien
Contrôlez le nichoir après l'éclosion. Il arrive qu'un petit meure, il faut l'enlever aussitôt pour protéger les autres.
Il faut aussi changer la litière dans le nichoir.
• Effectuez ce contrôle chaque jour à la même heure, c'est le meilleur moyen pour que les oiseaux s'y habituent.
• Surveillez la santé des petits : s'ils viennent d'éclore, ils ne dressent la tête que pour être nourris. Le reste du temps, la tête repose sur le sol ou sur un autre oisillon. Les yeux sont encore clos, ils s'ouvriront, suivant l'espèce, entre le dixième jour et la troisième semaine.
• Les excréments s'accumulent dans le nid à mesure que les petits grandissent.
Renouvelez la litière tous les deux jours. Préparez une corbeille ou un récipient que vous tapisserez de papier absorbant et doux, légèrement chauffé; vous y placerez les petits pendant que vous changez la litière.
• Les petits perroquets ne savent pas signifier que quelque chose ne va pas.
Mais si vous avez l'impression que l'un des oisillons ne grossit plus, a l'air apathique ou est différent des autres, demandez conseil à un éleveur. Peut-être vous faudra-t-il le suralimenter.

Mon conseil : le gavage des oisillons est difficile. Observez d'abord comment s'y prend un éleveur expérimenté avant de vous y essayer sous sa surveillance. Il pourra vous fournir le matériel nécessaire au gavage et vous indiquer comment préparer l'aliment de suralimentation.

2) Ara macao âgé de 8 jours. Les yeux sont encore fermés, ils s'ouvriront entre le 10e et le 12e jour. Le poussin pèse environ 100 g.

3) Ara macao âgé de 32 jours. Les tuyaux des plumes apparaissent sur les ailes, la tête et la queue.

4) Ara macao âgé de 38 jours. Il pèse environ 800 g. La couleur du plumage apparaît aux ailes et à la queue.

Comprendre les perroquets

Certaines espèces aiment dormir la tête en bas, pendues à une branche ou au toit de la cage. Si c'est le cas de votre perroquet, installez dans sa cage une branche naturelle du diamètre de ses pattes.

Tous les perroquets ont des capacités et des comportements communs. Pour bien comprendre votre perroquet, vous devez apprendre à interpréter correctement son comportement.

Le comportement quotidien

Voler et grimper : ceux qui habitent les steppes et les plaines volent en général vite et bien. Ceux qui habitent la forêt sont plus doués pour grimper. Ils se nourrissent essentiellement de fruits qu'ils récoltent en grimpant aux arbres. Mais les habitants des steppes sont aussi de bons grimpeurs. C'est de cette façon qu'ils trouvent les creux où faire leurs nids.

Marcher sur le sol est le propre de toutes les espèces qui cherchent leur nourriture surtout au sol, comme certains cacatoès. Ce sont des marcheurs adroits qui se déplacent parfois en sautillant.

À terre, les perroquets grimpeurs ont l'air plutôt empotés *(voir dessin p. 58)* car la position de leurs pattes est plus adaptée aux branches.

S'étirer : de temps en temps, surtout après une période de repos, le perroquet allonge une patte et l'aile correspondante vers le bas et en arrière. C'est une façon de s'étirer. Quand il ramène la patte, il serre souvent les doigts en poing et l'enfouit dans les plumes du ventre. Quand il se sent bien ou quand il dort, il est perché sur une seule patte.

Cacher le bec dans les plumes du dos : c'est la position de sommeil ou de repos de nombreux perroquets. Les plumes sont légèrement ébouriffées.

Attention : c'est aussi la position des oiseaux malades mais, dans ce cas, ils sont le plus souvent sur deux pattes. Être perché sur les deux pattes ne signifie pas nécessairement que l'oiseau est malade.

Hausser les ailes : les ailes fermées sont déplacées vers le côté. C'est souvent le signe qu'il manque d'exercice. Associé à certaines attitudes, cela peut exprimer la colère ou si, en même temps, il se fait tout mince et mord dans le vide, ce peut être le signe d'angoisse ou de douleur.

Lever les ailes : il se rafraîchit ainsi quand il a trop chaud. Certaines espèces le font quand il leur arrive quelque chose d'agréable.

Les gestes quotidiens

La toilette du plumage est l'une des activités principales du perroquet. Il y consacre plusieurs heures par jour et

s'occupe de chaque plume l'une après l'autre. Il les lisse en les faisant glisser adroitement dans son bec, commençant par les plus petites pour terminer par celles des ailes et de la queue. Il n'y a que les plumes de la tête qu'il ne parvient pas à atteindre avec le bec : il les nettoie avec la patte ou les frotte à une branche. En liberté, la toilette mutuelle, en particulier des plumes de la tête, fait partie des rituels de pariade de nombreuses espèces.
Il s'ébroue : à la fin de sa toilette, il s'ébroue pour remettre chaque plume en place et se débarrasser des particules de poussière. Vous remarquerez ce comportement également quand le perroquet vient de surmonter une tension (anxiété, insécurité ou malaise) : il s'ébroue alors en signe de soulagement.
Il bat des ailes : les oisillons battent déjà des ailes avant d'avoir commencé à voler, en se tenant fermement agrippés par les pattes à une branche : ils exercent ainsi leurs muscles. Chez les perroquets adultes qui n'ont pas la possibilité de voler, c'est le signe qu'ils manquent d'exercice. Les espèces de grande taille s'accrochent par le bec à une branche pour contrebalancer le mouvement des ailes.
La toilette du bec : après chaque repas, le perroquet se nettoie le bec en le frottant vigoureusement à une branche. C'est aussi un moyen, en dehors des repas, de prendre soin de la corne du bec, ou encore de saluer un congénère ou un humain aimé. J'ai vu faire ce geste au perroquet gris et aux amazones.
La toilette des pattes : il les nettoie, comme les plumes, avec le bec pour ôter les écailles et les particules indésirables. Il se coupe les griffes pour éviter sans doute qu'elles deviennent trop longues.
Il baille : tous les perroquets baillent de temps en temps. Comme nous, c'est souvent un signe de manque d'oxygène. S'il baille plusieurs fois de suite dans la journée, aérez, l'air de la pièce est peut-être confiné. S'il baille en levant la tête, c'est pour s'étirer le cou et le bec.
Il éternue : un éternuement isolé, sans écoulement nasal, ne doit pas vous faire craindre un refroidissement. Les perroquets éternuent pour se moucher et lors de brusques changements de température.

Les capacités sensorielles
La vue : les perroquets sont plus sensibles à la couleur que les humains. C'est grâce à leur vue qu'ils trouvent leur nourriture et reconnaissent leurs congénères. Leurs yeux sont sur le côté de la tête, la vision panoramique leur permet de déceler les ennemis et de fuir à temps. Le champ visuel du perroquet est un peu plus étroit que celui de l'homme. En revanche, celui-ci ne perçoit que 16 images à la seconde, le perroquet en perçoit jusqu'à cent fois plus.
Pour un oiseau qui vole vite, il est d'une importance vitale de percevoir en un éclair tous les détails.
L'ouïe : les perroquets s'avertissent mutuellement à de grandes distances avec cris et appels.

Cette amazone à tête jaune se déplace le long de la branche.

Elle consomme sa cueillette.

L'éventail des sons par lesquels ils communiquent leur garantit une vie communautaire paisible. Dans un couple, chaque partenaire reconnaît la voix de l'autre. Chez de nombreuses espèces, les premiers sons émis par les oisillons provoquent le comportement adapté de la mère.
Le goût : les perroquets qui ne se nourrissent que de graines ont sans doute des papilles gustatives moins développées que ceux qui consomment fruits et nectar. En captivité, le perroquet a des préférences qui indiquent qu'il discerne très bien les goûts.
Le toucher : il n'est guère différent de celui des autres êtres vivants. Certaines zones sont particulièrement sensibles. Lors de la couvaison, le toucher joue un rôle très important, permettant à la mère de ménager ses œufs. De nombreux oiseaux sont très sensibles aux vibrations et savent les interpréter.

La monogamie

On sait que de nombreux perroquets choisissent dès leur jeune âge un partenaire auquel ils resteront fidèles toute leur vie. Beaucoup d'espèces n'atteignent la maturité sexuelle qu'au bout d'une ou plusieurs années. La perte du partenaire provoque un deuil qui affecte profondément l'oiseau. En liberté, il va retrouver

Elle écarte les tiges qui la gênent....

jusqu'à ce qu'elle ait atteint le fruit suivant.

un partenaire. Mais en captivité, s'il perd son compagnon — congénère ou humain —, le chagrin va modifier profondément son comportement et il peut même se laisser mourir.

Un couple se forme

Quand les perroquets vivent en groupe, celui qui est isolé cherche un partenaire et se rapproche de celui qui lui plaît. S'il n'est pas repoussé par des coups de bec significatifs, le prétendant va s'approcher de plus en plus jusqu'à se risquer à effleurer l'aile ou le bec de l'autre et le couple sera bientôt formé. On s'en aperçoit au fait que les oiseaux font alors tout de concert. Ils cherchent ensemble leur nourriture, prennent leur repos perchés sur la même branche, dorment collés l'un à l'autre, s'influencent en tout. Dès que l'un des oiseaux éprouve l'envie de s'étirer, de manger, de faire sa toilette, l'autre l'imite immédiatement.

En liberté, le perroquet aura toujours l'occasion de rencontrer un partenaire du sexe opposé.

En captivité, les perroquets n'ont souvent le choix qu'entre partenaires du même sexe.

Si deux perroquets du même sexe se mettent en couple, l'un des deux va rapidement endosser le rôle et le comportement du sexe absent.

Tant qu'un oiseau de l'autre sexe ne se présente pas, cette relation peut se maintenir. Ensuite, il y aura nécessairement un perdant.

La pariade

La toilette mutuelle du plumage : c'est pour beaucoup d'espèces le premier lien dans un couple. En particulier la tête fait l'objet de ces soins mutuels puisque l'oiseau ne peut l'atteindre lui-même de son bec. Les caresses mutuelles ne sont pas seulement pour l'hygiène mais apportent du plaisir à l'oiseau. Chez vous, votre perroquet vous demande souvent de lui gratter la tête, en s'approchant de vous, tête baissée, avec un léger hochement, ou en inclinant la tête en faisant bouffer ses plumes. Donnez-lui souvent ce plaisir tant désiré.
L'échange alimentaire fait surtout partie de la parade amoureuse. Tant qu'un perroquet n'est pas capable de nourrir correctement sa femelle, celle-ci ne sera pas prête à l'accouplement. Pour que la couvaison réussisse, il est très important que le père soit capable de nourrir la mère et les petits. Dans la plupart des espèces, seule la mère couve et c'est elle qui nourrit les petits. C'est le mâle qui lui procure cette nourriture. Chez le cacatoès mâle et femelle couvent et nourrissent les petits, ce qui rend l'échange alimentaire superflu. Si votre perroquet n'est pas un cacatoès, il cherchera peut-être un jour à vous donner la becquée en vous mettant les aliments directement dans la bouche… ou dans l'oreille.

Parade amoureuse et accouplement

En liberté, quand le couple a trouvé un creux pour nicher, le mâle commence la parade amoureuse. En captivité, les oiseaux reproduisent aussi ces rituels de pariade mais ils n'auront pas de petits. Remarquez le comportement assuré du mâle. Il se pavane, les pattes raides, d'un bout à l'autre d'une branche, en étalant sa queue et parfois même les ailes — chez les cacatoès, les ailes et la crête — pour faire admirer les couleurs de son plumage. Cela excite la femelle. Certains mâles dansent une sorte de ronde autour de la femelle et donnent des coups de bec sur du bois pour montrer leur force. Ils accompagnent parfois ces rituels de cris excitants. La fréquence du nourrissage et de la toilette mutuelle augmente.
La copulation : si la femelle est prête à l'accouplement, elle se perche à l'horizontale, la queue légèrement relevée, les ailes frémissantes, un peu écartées. Le mâle, excité, lui tourne autour. Du bec, il lui donne quelques petits coups, puis lui grimpe sur le dos et se contorsionne pour appliquer son cloaque contre celui de la femelle et la féconder.

Les disputes

Elles sont rares chez les couples. Mais, dans une volière, comme dans une volée d'oiseaux en liberté, il peut y avoir des disputes. En volière, par exemple, un couple prêt à la pariade peut devenir très agressif avec les autres oiseaux parce que l'espace

est trop restreint. Il faut alors isoler le couple. Dans la nature, il pourrait s'éloigner et maintenir la distance nécessaire avec le reste de la volée.
Les menaces : en cas de rivalité, les oiseaux vont d'abord se menacer avant de s'affronter. Le comportement du mâle est assez semblable à celui de la parade amoureuse.
Les perroquets se menacent parfois en levant la patte. Si aucun ne cède, ils se battent à coups de bec. Mais la bataille est rarement sanglante, à moins qu'ils ne puissent maintenir une distance suffisante entre eux.

Sachez interpréter son comportement

La voix mais aussi les attitudes corporelles jouent un grand rôle pour communiquer avec le partenaire, congénère ou humain.

Inquiétude et effroi

Si votre perroquet est inquiet, ou si quelque chose l'a effrayé, il se dresse, les plumes collées au corps, paraissant ainsi très mince, et regarde fixement dans une direction. Il ne se détend que lorsqu'il a vérifié que sa peur était sans fondement. Alors il s'ébroue et se met à jouer.

Il est à l'aise et détendu

S'il se sent bien, ses plumes sont légèrement gonflées, il a une attitude détendue, pas du tout dressé, et il grince souvent légèrement du bec.

Il demande quelque chose

S'il se perche devant vous, penché en avant presque à l'horizontale, les ailes frémissantes et un peu écartées, c'est qu'il veut vous demander quelque chose. C'est l'attitude des petits qui demandent aux parents de les nourrir. Une de mes amies avait un perroquet qui lui faisait savoir tous les soirs en remuant des ailes qu'il n'avait pas encore reçu sa gâterie quotidienne.

Il attaque quand il est énervé

Le perroquet le plus doux peut devenir agressif si on le traite mal ou s'il n'obtient pas ce qu'il veut. Il peut être très aimable avec les personnes familières, mais s'il est déçu, il peut être très méchant. Si vous semblez prêt à répondre à sa demande de caresses, hésitez, car à la dernière minute, l'oiseau est capable de vous donner un grand coup de bec.

Il est mal à l'aise

Il peut être mal à l'aise pour de multiples raisons : il voudrait faire quelque chose mais n'ose pas. Il sait, par exemple, qu'on va le laisser seul, mais ne peut pas réagir, à cause de l'excitation et du chagrin. Ce conflit psychique est source de malaise.
Il va d'abord chercher à satisfaire son besoin, puis perd son assurance et se rabat sur une activité de substitution. Mon perroquet a une attitude émouvante chaque fois qu'il sent que je m'éloigne pour un certain temps : il me suit des yeux, porte nerveusement la patte au bec comme s'il voulait la becqueter, mais sans la toucher réellement, tout en émettant des bruits de gorge hésitants, sans doute destinés à m'inviter à rester...

Photos de couverture :
Première : deux aras à ailes d'or jouent.
Deuxième : deux perroquets gris à la toilette mutuelle du plumage.
Quatrième : ce perroquet gris apprivoisé a le droit de rester au jardin, sous surveillance.

Les photographes :
Angermeyer/Ziesler, p. 33 ; Hoppe, p. 25, 36 ; Inter-Topics/Rakebrand, p. 20,21 ; Martin, p. 53 ; Okapia/NAS/T. Mc Hugh, p. 10 ; Reinhard, p. 17 ; Scholtz, p. 9 ; Schweiger, p. 2, 3 ; Skogstad, p. 24, 28 ; Wegler, p. 6, 7, 13, 29 ; Wothe, p. 5, 14, 40, 45, 60, 61.

L'édition originale de cet ouvrage a été publiée sous l'intitulé « Papageien » par Gräfe und Unzer GmbH, München.

Traduction : Marie Duval
Secrétariat d'édition : Diana Darley
Maquette : Béatrice Lereclus
Dépôt légal : octobre 1992
N° éditeur : 2.2268.620545.4
ISBN : 2.0101.9812.3
Impression : Canale à Turin (Italie)

LES PETITS PRATIQUES

pour toute la famille

Collection Cuisine

- Entrées et hors-d'œuvre
- Salades composées
- Gratins et soufflés
- Pomme de terre
- Fruits exotiques
- Desserts
- Pâtisserie
- Cocktails
- Cuisine pour une personne
- Cuisine chinoise
- Cuisine végétarienne
- Cuisine au tofou
- Cuisine grecque
- Céréales
- Sauces
- Pâtes
- Légumes
- Cuisine italienne

Collection Animaux

- Le cochon d'inde
- Le canari
- La perruche ondulée
- Le lapin nain
- Le chat
- Le hamster
- L'aquarium
- Les tortues
- La perruche callopsitte
- Le chien
- Perroquets
- Poissons rouges

Collection Jardinage

- Rhododendrons
- Cactus
- Géraniums / Pélargoniums
- Palmiers
- Bouquets
- Orchidées
- Bégonias
- Bambous

HACHETTE/CIL